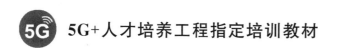 5G+人才培养工程指定培训教材

金融科技之智能客服

主　编　陈晓华　李宝民　吕　艳
副主编　杨京津　方俊雄　肖　刚

北京邮电大学出版社
www.buptpress.com

内容简介

本书介绍了呼叫中心和金融科技的基本知识，呼叫中心云平台的概念、架构和应用方向，智能客服的应用及常用解决方案，呼叫中心运营管理的实践与应用，呼叫中心的整体结构和智能运维。本书详尽且系统地讲述了智能客服领域的知识体系，列举了应用实践案例，使读者能够快速地了解智能客服行业。

本书适合金融科技等行业公司的创始人及相关核心管理人员了解呼叫中心基础概念、发展历史、主要功能、运营管理等方面知识，同时也适合本科及专科院校的学生阅读学习。

图书在版编目(CIP)数据

金融科技之智能客服 / 陈晓华，李宝民，吕艳主编. -- 北京：北京邮电大学出版社，2020.8
ISBN 978-7-5635-5949-7

Ⅰ. ①金… Ⅱ. ①陈… ②李… ③吕… Ⅲ. ①智能技术—应用—呼叫中心—商业服务 Ⅳ. ①F626.3-39

中国版本图书馆 CIP 数据核字（2020）第 004239 号

策划编辑：姚　顺　刘纳新　　责任编辑：廖　娟　　封面设计：七星博纳

出版发行：北京邮电大学出版社
社　　址：北京市海淀区西土城路 10 号
邮政编码：100876
发 行 部：电话 010-62282185　　传真：010-62283578
E-mail：publish@bupt.edu.cn
经　　销：各地新华书店
印　　刷：北京玺诚印务有限公司
开　　本：720 mm×1 000 mm　1/16
印　　张：10.5
字　　数：155 千字
版　　次：2020 年 8 月第 1 版
印　　次：2020 年 8 月第 1 次印刷

ISBN 978-7-5635-5949-7　　　　　　　　　　　　　　　　　　　定价：38.00 元

·如有印装质量问题，请与北京邮电大学出版社发行部联系·

5G+人才培养工程指定培训教材指导委员会

主 任

陈晓华　北京邮电大学国家大学科技园金融科技研究所所长、中国移动通信联合会教育与考试中心主任

李宝民　关心老一代智能应用技术（北京）有限公司董事总经理、北京爱思博科技有限公司总裁

吕　艳　中国移动通信联合会教育与考试中心和区块链专委会常务副秘书长、北京邮电大学 MBA 校友会 5G+产业分会秘书长

副主任

杨京津　小米科技有限责任公司销售与服务部副总裁

方俊雄　宜信惠民投资管理（北京）有限公司客户服务部总监

白　梅　国美集团售后副总裁

郭志勇　宜人贷客服部经理

委 员

赵海莹　中外建金融公司客服总监

南娟丽　北京奇虎三六零投资管理有限公司 400 客服管理

李　艳　北京和创未来网络科技有限公司用户管理部副总裁

王晓晖　北京信普飞科技有限公司总经理

马晓东　大鹏航旅信息有限公司客服体验部总经理

吴岩松　才博（中国）学习管理机构总裁

刘曼娟　卓望信息科技公司客服运营经理

汤文蔚　万达集团售后质控部经理

施海燕　安联集团（中国）运营总监

赵　怡　腾讯社交与效果广告部中长尾销售运营中心副总监

王真真　腾讯社交与效果广告部中长尾销售运营中心高级项目经理

吴志强　北京爱思博科技有限公司副总经理

闫守臣　北京京东尚科信息技术有限公司大数据工程师

曹　彤　北京九五太维资讯有限公司腾讯事业部技术经理

序言

呼叫中心作为企业与客户联络的关系触角，承接了企业产品售前、售中、售后等多环节的服务链接。破解当前各企业转型命题，迫切需要通过经营理念、经营方式的转变确立新的竞争优势，应对未来发展的挑战，企业呼叫中心也不能例外。随着金融科技尤其是移动金融科技的快速普及，呼叫中心服务对象的需求和渠道正在发生剧烈的变化。因此，作者认为呼叫中心即将成为21世纪企业经营方式转型的下一个竞争战场。

金融科技是当前较为火热的时代产物，并逐渐成了推动社会经济快速发展的重要因素，其与多媒体环境的"碰撞"为社会变革带来了发展契机。随着客户沟通方式越来越向互联网转变以及大数据的飞速发展，传统呼叫中心越来越难以满足当前的客服需求。建设成本高、沟通渠道复杂多样、客服人员流动性大、专业知识难以积累、效率低和体验差等条件纷纷制约着高效客服中心的建设。与此相对，智能客服的出现能满足不断发展的新要求，随着企业对呼叫中心运维成本和效能关注的持续增多，客服智能化和自动化的需求不断攀升。但是，我们需要关注的是：呼叫中心如何从问题的善后型向全过程问题管理的体验型转变，如何从交易指导型向参与交易的支撑型转变，如何从传统外呼营销型向以客户数据为依据的适时精准营销型转变，如何从传统的语音处理为主的电话中心向全媒体的智能客服中心转变。

《金融科技之智能客服》一书将从多方面对此展开分析与讨论。本书将当今最热的"金融科技"引领的互联网思维与社会化媒体内容巧妙结合，从"服务＋价值＋智能"的层面提纲挈领地论述金融科技呼叫中心平台的建设与运营方法。伴随信息技术的不断进步，云服务、多媒体、大数据、社交媒体、数据挖掘、智能客服、精准外呼等技术的成熟运用，将进一步凸显客户服务中心的优势。

在"重服务"方面，本书的"金融科技呼叫中心运营管理"章节将阐述如何强化呼叫中心运营管理来完善服务细节，强化精细化服务；"金融科技大数据应用"章节将说明如何进行信息反馈搜集和信息数据分析来实施VIP服务，加强客户关系。在"重价值"方面，本书的"呼叫中心精准外呼营销及主动服务"章节将详细讲述如何精准分析客户特征，利用CRM建立客户信息数据库模型，抓准时机进行营销。在"重智能"方面，本书的"智能客服系统"和"自建高可用呼叫中心的基础结构与智能运维系统"等章节将说明如何通过搭建智能知识库共享系统，为多媒体客服、智能语音导航提供智能帮助，从而全面、快速、精准地答复客户，提升客户体验。总之，本书将成为如何打造金融科技下全媒体呼叫中心建设与管理的一本难得的入门指南。

北京爱思博科技有限公司是国内技术前沿的企业通信服务系统提供商，并与中国移动通信联合会教育与考试中心邮系移联（北京）教育科技有限公司紧密合作，提供行业专业金融科技呼叫中心服务。北京爱思博公司致力于提供简单且完美的产品，将复杂的通信、计算机技术打造成用户能够轻松使用的系统级产品。近年来，公司依托互联网，以云计算的方式，为企业客户提供通信平台服务和通信软件服务，助力企业提升与客户的沟通效率。公司拥有15年以上的技术积累和项目经验，一直专注于自主产品研发，目前已成功推出产品客服分包精准营销云平台简易呼、全媒体客户营销云平台简客服和智能导览系统解决方案。

本书由北京邮电大学国家大学科技园金融科技研究所所长、中国移动通信联合会教育与考试中心主任陈晓华，关心老一代智能应用技术（北京）有限公司董事总经理、北京爱思博科技有限公司总裁李宝民和中国移动通信联合会教育与考试中心常务副秘书长、北京邮电大学MBA校友会5G+产业分会秘书长吕艳担任主编，由小米科技有限责任公司销售与服务部副总裁杨京津、宜信惠民投资管理（北京）有限公司客户服务部总监方俊雄和北京爱思博科技有限公司肖刚担任副主编。在本书编写过程中，作者参阅了许多资料，在此对本书参考资料的作者表示诚挚感谢，对不能一一标明资料来源的作者表示真诚的歉意和敬意，对直接、间接为本书的出版倾注智慧、付出心力、提供帮助的所有人表示满满的感谢！

由于水平所限，书中难免存在错误和不妥之处，恳请同行专家和学习者不吝指正。

李宝民
2019年6月20日

目 录
CONTENTS

第1章 认识呼叫中心 ··· 1

1.1 呼叫中心的概念 ·· 1

1.2 呼叫中心发展历史 ·· 3

1.3 呼叫中心的重要性 ·· 6

1.4 呼叫中心分类 ··· 8

    按呼叫类型分类 ·· 8

    按规模分类 ··· 9

    按功能分类 ·· 10

    按使用性质分类 ··· 10

    按分布地点分类 ··· 11

章节习题 ·· 12

第2章 金融科技呼叫中心应用 ·· 14

2.1 金融科技概述 ··· 14

金融科技概念 ··· 14

金融科技发展方向 ··· 15

呼叫中心对于金融科技行业的意义 ································· 16

2.2 金融科技呼叫中心软件平台架构 ································ 17

2.3 智能客服系统 ··· 19

智能客服在呼叫中心中的意义 ······································· 19

智能客服系统功能特性 ·· 20

智能客服平台功能 ··· 32

智能客服解决方案 ··· 55

2.4 呼叫中心精准外呼营销及主动服务 ····························· 58

呼叫中心精准外呼营销及主动服务简介 ·························· 58

呼叫中心精准外呼营销和主动服务关键技术概述 ············· 60

外呼主动服务众包 ··· 63

章节习题 ··· 64

第3章 呼叫中心云平台 ·· 66

3.1 呼叫中心云平台的技术体系介绍 ································ 66

云计算概念 ·· 66

云计算体系构架 ·· 68

云平台部署 ·· 72

3.2 呼叫中心云平台应用 73

章节习题 76

第4章 金融科技大数据应用 77

4.1 大数据简介 77

4.2 金融科技大数据应用 83

    用户画像 83

    精准营销 87

    智能化交互 89

    智能化运营 91

    舆情预测 91

    智慧服务 93

章节习题 94

第5章 金融科技呼叫中心运营管理 95

5.1 呼叫中心互联网营销的实践与研究进展 95

5.2 呼叫中心规划与发展的复杂性 98

5.3 呼叫中心的规划 98

5.4 呼叫中心规划与发展的架构 103

5.5 呼叫中心的定位 105

5.6 呼叫中心的功能与应用 106

5.7 呼叫中心的运营管理 107

5.8 金融科技呼叫中心运营管理的基本原则 123

第 6 章　自建高可用呼叫中心的基础结构与智能运维系统 ········ 130

6.1　传统呼叫中心运维面临的问题 ················· 134

6.2　智能呼叫中心运维系统设计解析 ··············· 135

　　运维岗位的性质和工作内容 ················· 136

　　运维团队流程智能化管理 ··················· 137

　　建设智能运维系统及工具模块介绍 ··········· 140

参考文献 ································ 147

英语解释表 ······························ 149

后记 ···································· 155

第 1 章
认识呼叫中心

1.1 呼叫中心的概念

10086、10010，提到这两个电话号码，相信我们都很熟悉。以 10086 为例，拨打 10086，我们会听到以下语音内容：

"欢迎致电中国移动。查询流量剩余和套餐余额请拨打 1008611 或关注中国移动微信公众号。业务查询请按 1，手机充值请按 2，业务办理请按 3，密码服务与停复机请按 4，宽带业务请按 5，手机号码激活请按 7，集团业务请按 8，人工服务请按 0。"

这就是呼叫中心的典型应用。在日常生活中，我们会接触到各种呼叫中心，下面就让我们详细了解一下呼叫中心的概念。

呼叫中心也叫客户服务中心，是由人、软硬件和管理组成的三位一体的完整服务体系。它是充分利用现代通信与计算机技术，在自动处理大量信息查询、咨询、投诉等业务的同时，进行回访、满意度调查等业务的高效运营服务工作平台，它将企业内各职能部门集中在一个统一的对外联系"窗口"，采用统一的标准服务界面，为用户提供系统化、智能化、个性化、人性化的服务。时至今日，呼叫中心已经发展成与企业融为一体的综合信息服务系统，它不仅是企业运营不可或缺的一部分，而且是企业间竞争的有力工具。

呼叫中心的"人"，即客服人员，他们经过相应业务培训后上岗，专门负责处理企业客户的各类问题，也被称为业务代表或座席（坐席），业务代表组成的小组被称为业务组；一个呼叫中心可以由几个，甚至几百上千个业务组组成。呼叫中心的作用就是为客服人员提供强有力的信息处理工具，使他们的工作更加高效。

随着现代科学技术的飞速发展，呼叫中心的软硬件技术也进入了一个全新的发展阶段，涉及计算机技术、互联网技术、计算机电话集成技术、数据仓库技术和交换机通信技术等。

呼叫中心的管理涉及内容非常广泛，需要根据企业所在行业及具体的业务类型来制定可实施的呼叫中心管理规范，主要包含服务支撑能力管理、客户关系管理、营销管理、企业资源管理、项目管理和团队管理等诸多方面的内容。

综上所述，现代呼叫中心包含客服人员、营销人员、技术研发人员，IT维护人员、管理人员、网络、云计算[①]、大数据、机器人、社交媒体接入、语音交换、语音识别、电话、电脑、手机、智能终端、服务器、运营维护、运营管理、质量管理体系、招聘、技能培训等方面，是一个非常庞大复杂的完整服务体系。

通过上述对呼叫中心的了解，企业可以根据实际情况选择组建自己的呼

---

① 云计算：是指将大量用网络连接的计算资源统一管理和调度，构成一个计算资源池，向用户按需提供服务的一种资源调度模式。

叫中心服务团队或选择租用呼叫中心平台，即外包给专业的呼叫中心外包公司组建云计算企业专享服务团队。

如果企业选择自建呼叫中心，则需要搭建由客服团队、运营管理团队、电话、电脑、网络、防火墙、入侵防御系统、上网行为管理、交换机、网关、服务器、呼叫中心管理系统组成的一整套服务平台。

如果企业选择租用呼叫中心平台，那么外包型呼叫中心公司可以为企业提供招聘、培训、测试、管理等一整套专业服务体系，一般大型呼叫中心外包公司还可以提供由其技术团队为企业量身定制的呼叫中心软硬件产品。

呼叫中心平台提供的服务内容包括以下四个方面：

(1) 呼叫中心客服使用的服务功能：包含用户队列功能、电话接入功能、电话外呼功能、非语音服务功能、用户维护管理功能、工单维护管理功能、个人工作量统计报告功能等。

(2) 管理功能：包含客服账号维护、服务业务配置、业务数据导入导出、质检、绩效、监控等功能。

(3) 服务对接功能：可提供完善的接口接入第三方的电话平台、客户关系管理、工单、知识库等多种类型的系统，也能够嵌入第三方系统内。

(4) 报告分析功能：提供人员工作量、工作效率等统计分析功能。

1.2　呼叫中心发展历史

1956 年，美国泛美航空组建全球第一家呼叫中心，20 世纪 80 年代，呼叫中心在欧美等发达国家的电信、航空以及银行等领域得到了广泛的应用。20 世纪 90 年代中后期，呼叫中心概念被引入国内，并迅速在家电、邮电、银行、航空、铁路、保险、股票、房地产、旅游、公共安全等行业广泛应用。目前，呼叫中心技术与移动互联网技术的结合加速了呼叫中心技术的发展，呼叫中心由传统的以电话呼叫中心服务为主的服务形态逐步转变为多种服务渠道和移动社交媒体接入相结合的全媒体呼叫中心服务体系。

呼叫中心技术发展经历了以下五个阶段：

- **第一代呼叫中心**

民航服务领域奠定了第一代呼叫中心的基础，提供基础服务，如接受旅客机票的预订业务。这一时期的呼叫中心系统主要是在早期电话交换机的基础上增加了电话排队功能，还不具备现代呼叫中心的常用功能，电话服务工作全部由人工服务完成。

- **第二代呼叫中心**

随着技术的发展，交互式语音应答系统，即IVR[①]系统的出现，标志着第二代呼叫中心的开始。在呼叫中心中利用IVR技术可以将部分常见的、易解答的问题交由系统设备通过语音播放或DTMF[②]按键交互解决，如日常生活中常用的天气预报、报时电话、电话银行查询账单、余额、转账等业务。在第二代呼叫中心中，IVR系统的广泛应用不仅大大减少了人工业务的受理量和人工客服的工作强度，而且可以为客户提供7×24小时的服务。

- **第三代呼叫中心**

计算机技术的发展推动了第三代呼叫中心的产生。计算机与电信集成即

---

① IVR：交互语音应答系统，也可以叫做语音导航系统。用于引导用户完成人机或人工接入等行为。
② DTMF：双音多频，电话机上面的数字按键所发出的频率。

CTI[①]技术诞生。CTI 技术实现了电话交换机系统与计算机系统的集成、语音和数据的同步。用户基本信息、工作单据信息及电话信息采用数据库方式关联存储，客服人员在接听用户电话服务的同时通过计算机系统查看、更新用户信息数据，并记录用户相关问题和解决方案，为企业在提升服务、改进升级产品方面提供了有力的数据基础。随着 CTI 技术的发展，呼叫中心系统中加入了通话实时录音设备来录音和存储客服人员与用户的通话，为呼叫中心管理人员提供录音监控和管理工具，这样就提高了呼叫中心的管理效率。

- **第四代呼叫中心**

第四代呼叫中心，也被称为初代多媒体呼叫中心或多媒体联络中心。个人计算机和手机的普及推动了呼叫中心行业的升级改造，互联网和移动通信的高速发展使用户可以通过手机、手机短信、电子邮件等渠道从企业获得专业的用户服务，企业呼叫中心在引入多类型技能的服务团队的同时还引入了多渠道统一排队的技术增加客服人员的处理效率，为用户带来了全新的服务体验，呼叫中心服务已经成为企业产品外围的重要组成部分。

- **第五代呼叫中心**

随着互联网和移动互联网的快速发展，在第四代多媒体呼叫中心的基础上，有着更多社交媒体接入的第五代呼叫中心已经出现比较成熟的产品。如社交网络、社交媒体（微博、微信等媒体渠道），依托于互联网的文字、图片等文档互动，音频、视频等多种沟通渠道。更多的呼叫中心及非呼叫中心从业者依托云技术逐步建立了以非语音服务为核心，以语音业务为辅的完善的服务体系。

随着科技的进步和发展，下一代呼叫中心已经不能称之为传统意义上的

---

① CTI：计算机与电话集成，能够自动地对电话中的信令信息进行识别处理，通过建立有关的话路连接向用户传送预定的录音文件、转接来话等。

呼叫中心，它将会更加智能并专注于以用户为中心的产品及服务体系的建立和维护。通过其高效智能的服务体系成为企业重要的竞争力指标，用户的产品体验也会第一时间通过智能服务平台直接反馈给企业，从而有助于企业完善产品及服务。

1.3 呼叫中心的重要性

随着物质条件的提升，企业用户对于服务的需求越来越多、服务质量要求越来越高，高效的实时互动成了最基本的服务功能。用户的咨询、投诉、建议等会通过完善的系统平台推动处理人员进行跟进处理，呼叫中心是企业对客户服务的窗口，企业用户会因为在第一时间获取服务而提高对企业的忠诚度。所以，呼叫中心用户服务为企业的发展壮大起到至关重要的作用。以下内容将详细阐述呼叫中心在企业中的重要性。

- **引导企业良性发展，提升品牌竞争力**

曾经缺乏监管和控制的呼叫中心电话外呼营销业务在一些非正规的企业中大肆应用，其低劣直白的营销手段骚扰着广大消费者。随着行业规范性发展，以服务为核心思想的电话外呼和非语音主动服务逐步成为企业提升服务和产品定向营销的重要手段。

主动服务类型的电话外呼以企业自有的用户和曾经咨询联络过企业的用户为主，为用户解答问题的同时，通过智能平台向用户实时推荐相关产品、配件、备件、耗材、维修保养、增值业务和服务等；也可以通过语音方式或非语音方式向用户推荐相关服务，如耗材即将用尽、理财到期、服务到期等提醒内容，同时为用户推荐相关跟进服务，做到"想到用户之前，做到用户之前"。

- **呼叫中心从用户管理中心转化为用户体验中心**

普通的呼叫中心系统可以简单地看成是用户工单管理系统，系统记录了用户的基本信息，如姓名、性别、地址、电话、手机号码、生日、年龄等基本信息；也记录了用户的企业产品信息等。这样的信息对于企业来说是沉睡的"无用"数据，数据信息无规则、无整理，潜在的数据价值完全被忽视。企业通过引入智能客服平台可以自动对用户分类、全媒体交互记录与分析、用户产品体验等特色信息进行分类存放和管理，这就为客服和管理人员提供了高效的管理和沟通工具。

用户体验中心以用户为中心，并提供用户所涉及的基本信息、交互信息和产品使用信息等。通过这些信息整理与分析，企业可以更加深入地了解用户的产品使用习惯和喜好，不同地域、不同年龄层的用户群体对于产品不同的使用体验和改进意见。如今，基本的祝福短信、邮件、没有个性化的促销信息已经很难打动用户的心，如何提高企业用户的忠诚度，需要企业更加了解自己的用户。用户体验中心通过智能高效的服务体系让企业用户能随时体验个性化服务。

- **通过智能化的平台管理推动服务人员提升服务品质**

在呼叫中心客服部门建立初期，企业往往通过招聘呼叫中心行业内的运营管理人员来建立和管理呼叫中心客服团队以服务企业用户。管理人员通过行业的学习和了解建立一套新的用户服务体系，这样的服务体系难免会出现很多不良的个人习惯，甚至管理方向的偏颇。长此以往会造成不易被企业发现的隐患和潜在风险。

呼叫中心智能客服通过行业规范化运作经验指导和管理呼叫中心的工作，管理人员通过成熟的工具规范化管理客服人员和日常工作。企业通过平台工具规范和建立服务流程、业务梳理、质检体系、绩效体系等完善的功能体系。

运营管理人员通过完整规范的业务报告数据来管理和指导客服中心的整体运营，包括人员效率和绩效考核等；也可以通过报告为企业提供用户体验提升、产品规划升级、人员效率提升等关键决策方面的工作指导。

- **智能全媒体的接入逐步引导用户向低成本服务靠拢**

呼叫中心智能客服包含全媒体的接入、机器人服务接入、电话语音呼入呼出、在线客服、社交媒体客服、短信、邮件和线上线下对接服务等功能。固定内容和话术的服务形态已经由全人工服务逐步转变为半人工服务或非人工服务，这就为用户提供了多种互动方式接入的自助式语音及非语音服务，用户可以通过人工授权的方式指导平台机器人提供不同级别的服务内容，当机器人无法提供专业服务时，可以求助人工客服协助解决用户的问题。如今，大部分用户的常见问题可以通过非人工方式自助解决。这就使得公司的人员运营成本大大降低，服务专业性风险也被降至最低。

1.4　呼叫中心分类

按呼叫类型分类

- **呼入型呼叫中心**

传统的呼叫中心承接的是企业用户的来电咨询服务，用户通过主动联系企业客服人员来解决自己的问题。随着智能手机的普及，用户与企业交互的方式逐步由电话沟通转变为更加快捷的文字等非语音方式沟通。非语音方式更适合常见问题的咨询服务，能够实时发送文字、图形消息给用户，便于用户复制使用。

- **呼出型呼叫中心**

呼出型呼叫中心偏重于外呼营销、催缴业务、大型回访、召回等业务类型。

呼出型呼叫中心围绕企业现有用户展开后续服务，是企业服务流程闭环中不可缺少的一项服务功能。呼出营销通过高度归纳分类企业用户数据进行定向的产品升级推荐、相近业务推荐等。

催缴业务可以通过人工客服或者自动语音外呼流程进行外呼工作，人工客服方式的人工成本较高，工作效率较低。自动语音外呼使用较为成熟的语音识别技术，通过简单的自动语音交互进行沟通获得用户的实时反馈结果。

电话回访业务应用于企业服务后的服务满意度的调研和评价。不过，电话外呼方式的回访业务逐步被手机短信或社交媒体类方式所替代。召回业务更多地应用于生产制造类企业，目前传统制造企业应用较为广泛的是电话召回。

- **混合型呼叫中心**

目前，混合型呼叫中心已经不能理解为简单的呼入呼出整合的呼叫中心了，非语音业务的接入已经大大延伸了呼叫中心的服务能力和服务时长。

按规模分类

- 50人以下人工客服的呼叫中心称为小型呼叫中心。
- 50～100人工客服的呼叫中心称为中型呼叫中心。

- 100～1 000人工客服的呼叫中心称为大型呼叫中心。

- 1 000人及以上人工客服的呼叫中心称为超大型呼叫中心。

按功能分类

- 电话呼叫中心，纯电话语音服务型呼叫中心。

- 非语音服务呼叫中心，以文字、图片、文档等形式为用户提供服务。

- 视频呼叫中心，客服人员使用互联网视频呼叫中心系统为用户提供一对一的视频互动服务，视频呼叫中心更多的应用在视频认证服务、银行金融审核确认等业务中。

- 多媒体呼叫中心，集成电话语音、短信、邮件、文字、社交媒体、视频等接入的综合服务型呼叫中心。

- 智能服务型呼叫中心，以多媒体呼叫中心结构为基础，集成自动化智能化服务功能的新型呼叫中心。目前，较为成熟的产品会集成自动服务机器人、智能知识库、智能质检、智能报告、智能主动服务等一系列智能化产品功能。

按使用性质分类

- **自建自用型呼叫中心**

自建型呼叫中心是由企业采购呼叫中心相关软件和硬件设备搭建呼叫中心系统平台。企业需要搭建机房，购买机柜、应用和数据库服务器，采购交换机板卡等硬件设施，架设客服端和服务器端的局域网网络、互联网专线线路，采购话机、耳麦、客服工位和电脑等硬件设施。对于安全标准要求较高的企业还须做好本地软件、硬件和人员等灾备，甚至是异地灾备服务。

自建呼叫中心的优点是系统、网络、数据、人员完全自主控制，数据安全可控，软硬件扩展和深度应用比较容易开展；团队的凝聚力和向心力相对较高，客服服务质量可以得到很好的控制。自建呼叫中心的缺点是软件、硬件和人员成本都非常高，对于系统、网络、数据维护人员素质要求较高。客服人员方面的缺点是人员管理成本高，工资及社会保险成本逐年提高，客服人员招聘难度大、离职率高等。

- **外包服务型呼叫中心**

呼叫中心服务外包是近二十年发展较为迅速的服务形式。服务需求量较大的企业将业务外包给专业的外包呼叫中心公司，企业不但能够获得专业外包型呼叫中心提供的专业服务，而且可以在短时间内组建高效服务质量的团队服务于企业用户，以此来提高服务质量、降低管理成本和人员成本。

- **应用服务商型呼叫中心**

由系统平台应用服务商提供基于云平台搭建的软件和硬件的呼叫中心技术平台，企业的自建客服团队直接应用成熟的平台服务企业用户，这样就大大降低了企业自建成本和后期维护的管理成本，最新的应用技术也会更快捷地应用到企业内部。

按分布地点分类

按呼叫中心物理座席分布地点可以分为单地单址呼叫中心、单地多址或异地多址呼叫中心。

- **单地单址呼叫中心**

即某一地点的一个独立呼叫中心服务职场，无论是网络结构还是管理结构都较为简单，易于管理和维护。

- **单地多址或异地多址呼叫中心**

指呼叫中心服务职场分布于不同地点，甚至分布于不同城市的同一个呼叫中心。在处理业务流程中，分布于不同地点的服务分中心统一服务于用户，也有大型及超大型呼叫中心按照服务区域划分服务范围，如华北分中心、华南分中心等，这样相应的硬件、网络和软件结构就相对比较复杂，专线、异地灾备都是不可缺少的配置。

本章重点介绍了呼叫中心的基本概念、发展历史、重要性和分类等内容，接下来的章节会展开介绍呼叫中心平台相关的基本结构及功能、呼叫中心金融科技应用方向、呼叫中心运营管理、硬件及高可用性平台的搭建等内容。

章 节 习 题

1. 现代呼叫中心涉及哪些技术？

答：现代呼叫中心涉及了计算机技术、互联网技术、计算机电话集成技术、数据仓库技术、客户关系管理技术、交换机通信技术、企业资源管理技术和企业管理、项目管理、团队管理等诸多方面的内容。

2. 呼叫中心系统对于企业有哪些重要性？

答：① 引导企业良性发展，提升品牌竞争力；

② 呼叫中心从用户管理中心转变为用户体验中心；

③ 通过智能化的平台管理推动服务人员提升服务品质；

④ 智能全媒体的接入逐步引导用户向低成本服务靠拢。

第 2 章
金融科技呼叫中心应用

2.1 金融科技概述

金融科技概念

金融科技,顾名思义,是当前互联网技术应用和传统金融业务的结合,根据互联网的大数据整合和云计算的开放形成的新一代金融发展模式,这种模式包含了新的市场体系、服务模式、金融组织结构和互联网监管的管理体系,使金融市场可快速、普遍地应用于互联网环境,带入互联网用户流量,增加金融体系中更多的用户资源。

金融科技主要包含融资、理财、支付、保险和贷款等业务服务模式,互联网和金融行业的融合是符合市场预期变化的,对现有金融产品、业务模式、组织架构和服务等方面产生了更加深刻的影响。在促进中小企业发展中,金融科技发挥了传统金融机构难以替代的重要作用，为大众创业、万众创新打开了大门。在互联网飞速发展的今天，任何传统行业如果不能搭上互联网这趟列车，势必会被落在后面，只有借助互联网发展的优势扩大金融业对内、对外开放，构建不同层次金融体系，才能满足市场的需求。

金融科技发展方向

目前，我国的金融科技市场结构主要是由传统意义的金融机构和新兴互联网企业两部分组成。传统的金融机构是把传统业务形态移植到互联网上，表现形式有 P2P[①]、理财、借贷或众筹模式的投资平台，新兴互联网企业主要依赖电商、支付平台、App[②] 软件等模式接入金融平台，变成金融行业发展所必需的一个重要因素。

我国金融行业的改革是处于世界金融发展前列的，尤其"互联网+"的概念与传统金融行业的融合模式，是符合发展趋势的。在我国鼓励创新、鼓励新技术引领变革的宏观环境下，在传统金融机构和金融科技发展的推动下，中国创新的高效率金融模式、市场交易结构，甚至整体金融架构都将发生深刻变革。

据《中国互联网金融行业市场前瞻与投资战略规划分析报告前瞻》分析，在中国，互联网金融发展的原因一方面是因为互联网金融公司不需要像银行一样接受国家和央行的监管，也不像银行和保险行业公司一样有一定资本的限制要求；另一方面，金融科技除了充分发挥自身优势外，也需要考虑政策限定和风险管理等问题。

---

① P2P：Peer-To-Peer 即个人对个人，又称点对点网络借贷。P2P 直接将人们联系起来，让人们通过互联网直接交互，使得网络上的沟通变得更容易、更直接，真正消除中间商，为企业与个人提供更大的方便。

② App：Application 即应用程序，一般指手机应用。

金融科技的发展模式创新表现在财务快速变化、应用灵活和扩散性强等方面，这种优势相对于传统的金融机构而言，更适合目前中国更多的中小型企业，而中小型企业在当前市场发展中又占据了很大的比例。面对中国的市场情况，政府出台了很多有利于中小企业发展的政策，所以金融科技的发展必定是大势所趋。

从目前我国金融行业的发展趋势来看，市场中的大量中小微型企业的需求越来越被重视。在 POS[①] 金融理财、支付和创造财富等领域，互联网体量增大，网络上的大数据应用和新兴技术发展为三方支付平台提供强大的底层支持，这使得我国移动支付普及率已经达到很高的水平，也预示着支付创新企业将在金融科技发展中成为赢家，这对中国经济建设的稳定发展起着重要且深远的影响。

呼叫中心对于金融科技行业的意义

随着中国互联网的飞速发展，金融科技行业也在全面迅速地发展，金融科技模式在不断地更新迭代，业务模式在不断地变换，以适应国内甚至国际市场的金融秩序。

在这种激烈竞争的金融服务环境下，单纯靠服务人员的增加和对企业运营人员的培训来保证服务质量，已经达不到较高的服务质量和高效率解决问题的要求了。面对快速发展的金融科技行业，企业必须找到改善与提高运营方式和服务方式的方法，在这种环境下，呼叫中心业务对于企业来说起到了至关重要的作用。呼叫中心对金融科技行业的意义如下：

---

① POS：Point Of Sale 即销售终端。是一种多功能终端，把它安装在信用卡的特约商户和受理网点中与计算机联成网络，就能实现电子资金自动转账，它具有支持消费、预授权、余额查询和转账等功能，使用起来安全、快捷、可靠。

- **解决金融科技业的信任问题**

国内金融科技行业参与者很多,实力参差不齐,多家统计机构显示国内P2P公司数量目前已达到上千家之多,如此多的参与者都想在激烈的市场竞争中脱颖而出,恶性竞争不可避免,而金融科技发展迅速,相关法律法规还不够健全,如何打消投资者对投资项目和投资平台的顾虑成为行业发展的关键问题,而呼叫中心系统可以为用户提供7×24小时的优质服务。

- **提高金融行业的运营效率**

作为互联网企业,有些管理者对企业信息化投入太少,甚至大部分企业还停留在使用文档进行客户管理阶段,整体运营成本很高,效率低下,进而导致服务质量和水平无法跟上,使得客户体验不尽人意。而呼叫中心可以使客户信息维护走向规范化,这样不仅方便了用户,而且提高了企业自身的服务形象,增强了企业竞争力。

- **加强企业的营销推广**

企业的营销推广是企业运营的重要环节,大多数金融科技企业还停留在广告位购买、关键词竞价等传统推广方式阶段,导致推广费用越来越高,转化率却不理想,这就导致企业需要寻找新的拓展方式。呼叫中心可以为金融科技企业带来主动营销的效果,从被动的接入呼入电话到主动的电话营销,为企业拓宽了营销渠道。

2.2　金融科技呼叫中心软件平台架构

企业建立全媒体呼叫中心是指利用通信系统、互联网和全媒体移动互动系统建立呼叫中心多媒体信息通道，主要目的是实现网络与客户的多渠道互动。在运营模式上重点创造先进的客户关系管理理念，实现呼叫中心从业务受理型向营销服务型的转变，深度服务客户。

将计算机网络与传统通信网络融合在一个网络平台上，实现电话、传真、数据传输、音视频会议、呼叫中心、即时通信等众多应用服务。呼叫中心已从单一的语音接入向多媒体接入转变，并逐步发展成集电话、即时通信工具、电子邮件、手机网页、手机应用、手机短信、网站、在线聊天服务、微博、微信等服务为一体的多沟通渠道的、综合性的"客户联络及服务中心"。通信与联络服务中心的结合为客户提供一种更个性化、更及时的联络方式，为客户带来选择的自由和效率的提升，也实现了前所未有的协作水平和客户响应速度。软件平台基本构架如图2-1所示。

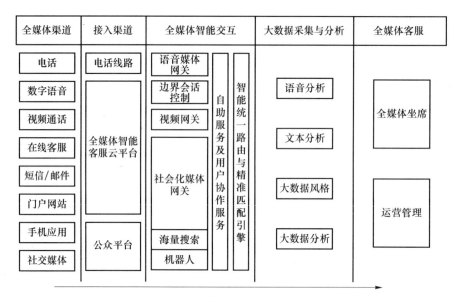

图2-1 软件平台架构图

企业用户拿起手机可以通过任意渠道与企业进行沟通交流，后台的全媒体智能交互平台依托大数据采集与分析的结果为用户提供个性的、定制化的快速服务，机器人和客服人员可以了解当前请求用户的基本信息、所购买的产品信息、咨询投诉等交互历史、消费倾向、性格、喜好、情绪等，机器人或客服人员根据这些信息可以做好应答用户的准备，也可以在持续的沟通过程中为用户提供其他对应的增值服务。呼叫中心智能化应用不仅限于此，目前较为广泛的应用有自助机器人客服、机器人质检、机器人外呼等，我们相信未来一定会有全面接管客服工作的机器人出现。

智能化平台的智能化程度是与相关专业工作人员的经验知识积累程度息息相关的，工作人员的运营管理经验对于机器人的学习和进步有着不可或缺的帮助，机器人是否能够胜任呼叫中心智能化的应用取决于数据的累积和项目管理经验的输入，因此专业的运营管理经验是呼叫中心智能客服的最强基石。

2.3 智能客服系统

智能客服在呼叫中心中的意义

随着更多的企业应用智能化平台，呼叫中心智能客服也随着企业的发展逐步进入大型、超大型金融科技企业的自建型呼叫中心。更多的运营和管理方法通过智能化的学习升级得到了有效的落实，智能客服提高的不仅仅是服务水平和效率，同时也提升了客服人员的工作效率，减少了出错率。真正的以用户体验为中心的智能化平台才是金融科技企业最需要的平台，它所带来的提升除了服务质量以外，还包括为企业提供适合不同层级用户的产品反馈。用户对于产品的意见和建议、产品的优点和缺点完全可以通过基于智能客服的呼叫中心平台获取，呼叫中心所累积的分析数据可以为企业的高速健康发展带来机会。

智能客服平台也可以为企业提供风险评估分析结果。如企业某产品出现质量问题或因自身缺陷遭到较多投诉时，智能客服平台能够及时做出响应和升级反馈，管理人员可以第一时间获得风险预警，并在事态向较坏方向发展前做出应对预案，减少或避免更大损失。产品问题的反馈可能会造成现有用户的流失，留住老用户往往比发展新用户更重要，而产品及时地升级改造给老用户带来对于升级产品信心的同时，也给新用户带去一个放心的选择。

目前，市场上的智能客服研发企业通过加入更多的智能化功能而使自身产品实现升级换代，出现了很多优秀的产品。但是，这只是智能化应用在呼叫中心以及金融科技呼叫中心的起步阶段，还有更多的非智能化工作需要更加智能化的产品来慢慢接管和替代，高效智能的机器人会从根本上接管更多高度重复的、烦琐的呼叫中心工作。

智能客服系统功能特性

传统的呼叫中心客服系统包含基本的电话模块、客服应用服务模块、知识库模块、外呼功能模块、管理功能模块、报告分析模块、运营管理模块、接口对接功能模块等。

智能客服的功能特性以上述模块为基础重新搭建升级，并加入多渠道服务排队功能、机器人客服等协助客服工作的智能化功能。这不仅为客服管理人员提供了客服的工作量、质检管理、实时监控智能提醒等功能，而且可以根据运营管理经验对客服的工作动态变化进行数据异常筛查，并及时发送给管理人员。异常数据告警包含接通量、接起率、放弃量、放弃率等基础数据指标的异常变化、客服单个用户服务时长过短或超出正常平均值、客服休息时间过长、客服和用户对话语言出现禁用语等情况，一旦出现上述情况，智能平台会在第一时间通知管理人员跟进处理，管理人员也可以通过管理工具介入客服当前会话进行拦截或接管处理。

智能化在呼叫中心平台中的大力应用给质检管理带来了很大改变，传统呼叫中心的质检工作指定若干名质检人员通过系统手动或自动抽取部分工作数据进行检查，抽检工作不能覆盖所有的客服的工作内容，难免会出现有问题工作漏检的情况，这就给呼叫中心强化质量管理带来了很大困难。智能化平台通过对海量的语音和文字数据进行采集、识别、解析、整理归类之后可以做到百分之百的对工作数据进行自动的首轮质检，将没有问题的数据过滤清理，留下疑似有问题和确定有问题的数据，并将其整理归类，后续人工将对问题数据进行确认和处理。由于智能平台也难免会出错，质检人员可以将错判、误判情况反馈给智能平台进行学习，从而有效地降低智能平台质检的错误率。对于确认有问题的数据，质检人员应及时将数据反馈给运营管理人员约谈客服进行改进，避免再次出现问题。

智能客服的应用使得呼叫中心质检员的需求数量减少，质检员的工作量也得到控制，质检员无须随机抽取客服进行质检工作，只需要引入智能客服定位问题工单跟进处理即可，目标明确可控。当然，质检员也可以手动抽取平台过滤没有问题的数据进行抽检，以避免平台出现误判问题。

智能质检工作远不止于此。不同行业、不同业务线、不同客服组、不同的服务用户、不同的服务时间都可能需要实时动态的调整服务质量指标，质检工作的繁杂受到客观因素影响是比较大的。对于大型、超大型呼叫中心分布在单地多址和多地多址的不同地区的客服人员的质检，需要按照不同的团队管理水平和能力进行特殊划分。特殊的质检指标需要通过质检管理人员的管理经验进行动态调整。一个成熟的呼叫中心管理团队会培养出一个强大的智能客服平台。同样，一个强大的智能客服平台也可以成就一个强大的呼叫中心团队。

智能客服平台可以协助管理人员处理日常人员管理工作。工作数据管理、日常工单跟进处理、工作流程管理、产品知识库的管理、用户关系维护管理等工作均可以通过智能客服协助或接管完成。

日常工作数据的管理分配可以由智能客服平台统一管理分配，平台可以对未分配、已分配、未回收等工作数据进行分配或再分配，对于特殊数据可以重新分配指定的专业客服。

工作工单、工作流程的升级处理可以交由智能客服进行分配处理，通过平台控制不同类型的工单分派到对应的处理部门或客服团队下，并对超时未处理工单发出催促信息，也可以升级催促信息给上级领导进行跟进处理。

知识库的管理在呼叫中心日常管理工作中占有比较重要的位置，新产品、新业务线知识库的整理和学习工作可以交由智能客服完成，知识库的完备可以大大提高机器人和客服的处理效率和精度，客服也可以根据精准的实时提示直接使用。知识库涉及的不仅是产品知识本身，还有更多的周边知识。如用户想投资某P2P金融产品、用户希望了解自己存款的相关银行转账的流程等信息，呼叫中心客服可以通过完备的知识库获取相关银行的流程等信息马上告知准用户，用户就无须挂机再拨打银行的电话咨询相关的问题，这样就大大提高了用户的满意度和成单概率。当然，上述流程的前提条件是机器人必须能够随时获取最新的相关知识，保证服务的准确率。强化智能的知识库可以直接面向用户，应对大部分的用户请求，这样能有效地转化用户请求至低成本的自助服务中心，这也是目前大多数大流量客服中心的最直接做法。

用户关系的维护管理也可以交由智能客服来完成，如日常节日祝福、生日关怀问候、红包派发、产品即将到期提醒、高级用户的礼物派发提醒等。平台自动通过各种可以联系到用户的沟通渠道主动联系用户，为用户推送各种亲切的关怀信息、图文、互动游戏、红包和小礼物等，甚至可以使用互联网最新最潮的网络词语进行互动交流，让用户能时刻体会到企业对他们的关怀和关注。

智能客服除了可以服务于企业用户以外，也可以与客服和管理人员进行交互服务，实现对平台的智能管理。人与机器人可以互相学习以提高整体服务质量，客服可以就需要了解的知识、平台使用方法咨询机器人，机器人通过语音、文字、图形等方式指导客服完成操作。管理人员可以通过教与学的方式指导机器人学习新知识。客服和管理人员登录平台后，可以通过与机器人的互动了解昨天的工作量、工作效率、团队工作情况等指标，也可以实现对当天的工作内容、注意事项、通知等消息的展现和推送。

智能客服外呼功能也是目前金融科技呼叫中心应用比较多的。传统的客服人员外呼完全由客服按照工作列表一个一个地拨打电话完成。外呼客服每天的外呼总量最多能在100~200条，客服的工作时长有限，也受到客服的专业性和工作效率的影响。应用智能客服外呼功能能够通过机器人自动完成外呼工作，通过语音识别、语义理解与用户进行对话，每天的外呼工作量可以达到1 000条，并且无须休息、餐饮补助、五险一金等额外费用，大大降低了人力的显性成本和隐性成本。

呼叫中心智能客服平台日新月异，在本书编写过程中，曾多次修改增加新技术的应用和展望。技术革新快于我们的想象，包罗万象的互联网、移动互联网带动着金融科技智能客服不断地更新换代。

下面从服务器端、客服客户端和用户客户端三个方面来详细阐述智能客服系统的功能特性：

- **服务器端功能特性**

服务器端需要采用微服务架构，各个功能、各个模块都是独立的服务模块，单个服务故障不影响其他服务正常运行，不同服务可分别在独立的服务器上运行，从而保障单个服务运行能拥有足够资源。同时，每个微服务都有集群，降低单个服务故障概率，保障整个平台稳定运行。平台需要采用先进的互联网语言技术，保障系统的高稳定性、高并发和快速响应；多线程、异步处理机制，能够保证系统的更高并发、更快响应速度，其拥有的出众负载能力是数据密集型分布式部署应用系统的完美解决方案；同时采用的分布式事务处理机制，能够保障系统的稳定运行，提升系统稳定性。

客服系统由多个模块堆叠组成，采用负载均衡机制实现资源的调配，客服均匀分布在各个模块之上，并且通过备份网络链路实时备份到其他模块，如某模块出现故障，其客服可以快速切换到备份模块，使故障能够快速修复。同时，系统核心服务安装在运行稳定、高效的Linux[①]操作系统上，可以避免Windows[②]系统上常见的病毒侵害。微服务架构如图2-2所示。

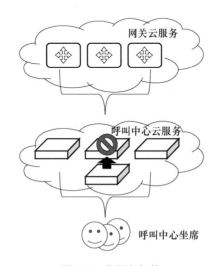

图2-2　微服务架构

- **客服客户端功能特性**

呼叫中心智能客服平台支持各种方式的远程客服接入，只要客服端和平台之间网络互通，就可以任意扩展分布式客服。不论是单地单址中心、单地多址还是多地多址中心，或其他各地远程客服接入，系统架构完全相同，数据结构完全兼容，平台能够很容易地进行监控、报表以及录音数据的整合，实现统一无差别的监控并生成运营分析视图。分布式部署打破了服务地域限

---

① Linux：是一套免费使用和自由传播的操作系统，是一个性能稳定的支持多用户、多任务、多线程和多CPU的操作系统。
② Windows：是美国微软公司研发的一套操作系统。由于较好的界面和易用性得到广泛应用，涉及家用电脑、商用电脑、服务器等。

制，使企业可在全国各地实现客服人员部署。

呼叫中心智能客服平台可以为企业客服人员提供强大且功能丰富的云客服服务平台，来自企业网站（个人电脑端＋移动端）、具有开放平台的社交平台应用、企业手机应用等多渠道的咨询信息将统一汇总整合至客服平台。客服客户端应用分为客服人员应用、管理应用、智能应用和决策应用四个模块。

（1）客服人员应用

客服人员应用功能涉及工作状态切换、用户咨询来源队列、主动服务、被动服务、独立会话沟通窗口、用户信息维护、工单创建升级、工作任务后处理、留言跟进、满意度调研、个人报告等，以上功能均可通过电脑或手机快速查看。

客服人员在手机端可以切换自己的工作状态，如可服务状态、后处理状态、培训状态、休息状态、离线状态等，从而控制自己的服务时间以减少用户等待时长。后端管理人员可以通过报告功能查看客服人员的整体工作报告、有效服务时间等详细数据，并对客服人员的绩效进行考核。

用户咨询来源队列为客服提供了详尽的实时用户服务请求，请求以队列列表形式按照时间的倒序列出请求用户的基本信息，包含请求 IP 地址、来源渠道、客户端设备类型、用户分类（普通用户、高级用户、黑名单用户等）、请求时间、姓名、手机号、社交媒体账号、邮箱等。

客服人员默认可以接收平台推送的用户进行被动服务，也称被叫服务。另外，闲置客服人员可以主动通过平台查看当前正在通过网站等入口访问的用户，并主动邀请用户进行沟通。

客服人员通过手机端使用智能客服平台时，可以通过选择某一用户，打开独立的对话窗口进行文字、语音、图片、文档等方式的一对一沟通。

客服人员通过平台随时记录用户的基本信息和工单信息，这些信息的有效性和完整性为后续的智能应用和决策应用提供了最佳的原始数据。工单是后续服务的凭证和证据，它是在每一次与用户沟通时由系统自动创建生成的，并由客服人员在后续与用户沟通中完善。客服人员在自己无法处理相关问题而需要升级给高级处理人员或其他部门跟进时，可以选择升级处理。

对于那些在工作任务繁重时无法及时完善的用户和工单等工作信息，客服人员可以在完成紧急任务后通过平台辅助补充未完成的工作信息。

对于非工作时间的用户留言，客服人员可以后续查看并主动联系留下联系方式的用户，跟进处理用户的问题；对于信息不完整的留言，客服人员可以跟进记录并关闭工单。

平台可以自动推送满意度调研给用户，用户收到满意度调研后可以针对本次服务进行评价和留言，以便作为后续绩效考核的一项重要参考指标。个人工作报告可以展现客服人员每天基本的工作情况，如记录工作量、工作效率、待处理工作等信息。

(2) 管理应用

管理应用功能涉及团队工作实时监控、告警信息接收和管理、工作任务分配、在线协助客服和机器人工作、质检和绩效考核、知识库维护、业务变更、工作报告汇总等管理工作。

① 工作实时监控。团队工作实时监控可分为语音监控和非语音监控。语音监控管理人员可以通过管理端监听客服与用户的实时对话内容，执行拦截通话、插入通话、三方通话等操作。非语音监控管理人员可以实时查看客服人员的工作状态、沟通内容、接待人数、会话总量、服务时长等信息，也可以改变客服人员的工作状态或强制客服下线退出服务状态。

② 告警信息接收和管理。告警信息的接收和管理工作也是管理端应用的一个非常重要的功能。智能客服通过自动分析和获取语音、非语音的文字信息，对敏感词汇进行字体变大并高亮显示处理，实时将敏感用词用语等告警消息提醒给管理人员。管理人员收到告警信息可以马上跟进处理。另外，客

服的异常时间事件也会被平台记录并提醒相应的组长或管理人员。通常涉及的时间异常有以下几种情况：

a. 单通会话服务时长超出日常会话的平均时长。受咨询用户的问题复杂度、情绪、客服熟练度等方面的影响，对于超出平均会话时长的会话，管理人员可以进行提醒、接手、强制结束等操作功能。一般此类会话属于低风险会话，但日常管理应用中须警惕低风险会话在特殊情况下也可能会转化为高风险会话。

b. 单客服服务时多通会话连续过短或过长。呼叫中心日常管理须警惕客服人员非正常的服务状态，如偷懒或超出正常服务范围等非规范服务行为。客服人员主动服务或被动服务时，可能会有主动结束会话或中断服务等违规行为，这种行为会严重影响服务体验，属于比较高风险的会话。管理人员的快速介入或平台的提醒可以马上阻止事态发展，降低呼叫中心服务风险。

c. 呼叫中心管理中会设定客服人员的工作、休息、培训等工作时长。客服人员异常休息的情况会被平台记录，管理人员可以通过报告发现相关异常信息，平台也会主动推送异常数据给管理人员进行处理。

d. 话后处理是客服人员在每次与用户沟通结束会话（包含语音沟通或非语音沟通）后切换到未处理完成当前会话的信息记录、工单填写、话务升级等后续工作。平均话后处理时长体现了客服人员的工作熟练程度和综合工作能力，这也是绩效考核当中重要的参考指标。

综上所述，呼叫中心日常时间管理、时间异常管理等细节不仅限于此，如用户的超时排队、客服人员的超时回复等，管理人员可以通过往日工作量和工作效率等情况数据对比做出相应的工作调整。值得注意的是，这是语音业务和非语音业务的时间管理指标是不同的。

③ 工作任务分配。日常工作任务涉及升级工单的处理、主动联系用户解决问题、主动服务外呼调研等。升级工单的处理由平台自动分发到处理团队

或具体的处理人，管理人员可以通过监控功能查看相关处理人员处理跟进的效率和结果，管理人员也可以主动跟进或处理客服人员未完成工作功能中的升级问题或后续跟进待处理问题。传统呼叫中心中，电话外呼或其他渠道的主动服务工作是由呼叫中心管理人员分配给客服人员处理的，管理人员可以根据客服人员往日的工作完成情况进行任务分配。而智能客服平台可以配置自动管理功能，平台根据客服人员的历史工作数据，按照轮循的方式分配工作任务。这里需要注意的是：为了体现公平，企业应该为高效的客服人员提供足够的激励政策以保持其高效的工作状态。

④ 在线协助客服和机器人工作。针对新人或刚刚上线的机器人平台提供在线协助功能。客服人员或机器人可以通过求助管理人员或服务经验丰富的客服人员帮助自己服务用户。

⑤ 质检和绩效考核。质检和绩效考核是根据不同的业务类型对项目组和客服人员进行的动态工作内容的检验和考核，智能客服平台可以根据不同的业务类型配置不同指标的质检项目和绩效考核标准，质检和绩效考核的基本功能有：质检评分模版、抽检排程、标准话术、实时质检及相关管理、客服考评查询、考核指标管理、考核模板管理、出勤考评管理、语音考评、在线考评、考评人员管理、员工考评审批、质检报告、绩效报告等。

⑥ 知识库维护。公共知识库的维护由管理人员进行统一管理和监控并整理、更新、导入。客服人员在公司规定的培训时间将自己的工作状态切换到"培训"，即可通过平台的公共知识库进行自我学习，学习完成后管理人员可以通过平台对客服人员进行统一的考试考核。知识库也是机器人服务的标准答案，知识库地完善对于机器人的服务质量有着重要的影响。

⑦ 业务变更。平台业务变更涉及较广，常见的功能有服务时间调整，欢迎语、语音流程修改配置，客服人员管理，基本信息和工单字段维护，标准用语、违禁语、敏感词配置，机器人的设定、应答留言设置，外呼数据管理，问卷回访内容管理和质检评分设定等功能。

⑧ 统计报告汇总。统计报告是各大平台最重要的管理工具。常见的统计报告包含用户来访概况、客服工作量、工作时长等。所有的报告都可以按照日报、周报、月报、年报进行汇总并输出图表及电子文档。客服人员可以通过统计报告功能查看自己的工作量、工作效率等重要的工作指标，也可以通过报告入口查看、处理未完成的工单，管理人员可以通过报告查看呼叫中心整体的工作情况。统计报告功能涉及功能项目较多在这里不一一介绍。

(3) 智能应用

智能应用功能在上述章节2.3.2智能客服系统功能特性中已有介绍，机器人客服、快捷回复支持、工作数据管理、日常工单跟进处理、工作流程管理、产品知识库管理、用户关系维护等功能均可以由智能客服平台接管完成。客服客户端和管理端的应用加入智能功能会大大提高客服人员和管理人员的工作效率和工作精度。大量的日常重复工作由机器人接管，客服人员的工作由前端服务逐渐转为后端辅助服务，大大降低了管理人员的管理压力，减少了企业运行的风险。

智能服务与人工服务相辅相成，相互提高。机器人可以学习运营管理经验和用户服务经验；管理人员和客服人员可以通过智能客服云平台快速提升自己的管理水平和服务水平；智能客服云平台与企业共同成长，将行业内优秀的管理和运维经验分享给所有的平台使用者。

智能客服的应用目标不是替代人工服务，而是辅助人类专注自己更高价值的工作内容，更加体现了人工服务的价值。

(4) 决策应用

决策应用即通过对本地产生的数据和互联网、移动互联网上公开的非敏感数据进行整合，从而得出影响公司决策方向等的重要数据信息。目前，此类数据可以实际应用的产品并不多见，其常见功能有用户决策报告、产品决策报告、风险报告、新机会（新业务、商业发掘）报告、团队指导（运营管理）报告、呼叫中心客服相关内部或外部合作部门入驻报告等。

用户决策报告以平台用户记录的信息为基础，通过平台自动生成可用于金融科技企业了解自己的用户报告。报告数据基础以常用的地域、性别、年龄段、收入范围、所购产品等信息为主，可生成用户热点、非热点地域分析报告，性别分布、性别地域分布等报告，年龄分布、年龄对应产品等报告，收入分布、产品分布等报告。

产品决策报告是企业自有产品的相关决策报告。其数据来源以用户为核心，企业自有产品及相关服务围绕用户生成报告。企业服务用户可以看作是产品服务于用户，产品的定位可根据不同的人群、地域进行调整，产品的规划与配置可以根据智能平台的决策报告作为参考。

风险报告是针对用户、产品、服务、企业、员工等方向的风险进行汇总的报告，可以查看团队、人员的服务状态，主要包含用户风险、产品风险、企业风险、服务风险等。常见的用户风险有流失风险、投诉风险等。产品风险常见于产品缺陷、漏洞风险等。企业风险非常复杂多变，如在服务过程中，用户提及"准备投诉到监管部门"等类似词句，智能客服平台会立即记录相关信息到报告平台并发出告警消息给管理人员进行处理来降低风险。服务风险是自助、机器人及人工客服在服务过程中出现的不规范、不作为、主动冲突等问题的风险。其中，人工客服的服务风险在呼叫中心服务中较为常见，因个人情绪或团队变化等因素的影响而容易出现服务质量问题，智能平台可以随时记录和监控客服人员的情绪状态。

新机会（新业务、商业发掘）报告体现在服务过程中准用户咨询的产品、业务等相关问题，可以通过平台汇总到新机会报告当中，通过表单或客服人员引导来记录用户的联系方式等信息，以便于营销人员的后续跟进处理。

团队指导（运营管理）指智能客服平台通过不断迭代更新，将最新的管理经验和优秀的管理功能更新给团队管理人员，辅助管理人员高效完成管理工作。同时，平台也会通过反馈功能记录运营人员填写的意见和建议内容，以便在通过有效性验证后进行改进和升级。

服务的时效性也是衡量企业服务水平的一项重要指标。用户反馈、咨询或投诉等相关问题可能需要其他业务部门的跟进处理，呼叫中心客服相关内部或外部合作部门使用统一的平台是整合业务流程、实现工作闭环的重要手段。

● 用户客户端功能特性

用户可以通过智能服务机器人、传统语音电话、互联网语音电话、视频通话、网站或移动端的社交媒体工具、企业网站、企业手机应用、手机短信、邮件、传真等方式获得希望得到的服务，自助服务无法满足用户需求时，平台根据历史记录信息自动分配匹配度最高的客服继续为之服务，熟悉的客服服务可以进一步提升企业的服务满意度和营销成功的概率。

用户可以通过语音通话或发送文字、语音、表情、图片、文件等方式进行高效率沟通。用户可以通过社交媒体的客户端获得咨询问题的结果和与此相关的其他问题的推荐。

自助服务用户可以通过各个服务入口获得服务指导和常见问题列表等常用信息，也可以与24小时在线服务机器人进行沟通，解决问题。如果机器人无法解决问题，人工服务可以在工作时间随时介入，服务用户；非工作时间，用户可以给人工服务留言，等待后续跟进处理。

如今，越来越多的用户通过非语音获取服务，企业应快速接受各类服务形式的接入。全媒体服务接入的多样化服务形式给企业带来的是更多与用户接触的机会。企业可以随时通过各种渠道联系到用户，让用户获得前所未有的整体服务体验。

智能客服平台功能

上述章节中已经概述了智能客服平台的大部分功能，接下来从座席应用系统、自动服务系统、客户资料管理系统、工单管理系统、外呼业务系统、知识库系统、质检考核系统、培训考试系统、报告统计九个方面介绍相关功能。

- **客服应用系统**

客服应用系统主要分为三部分，语音业务的处理功能、非语音业务的处理功能和基本业务处理功能，以下所列功能以主要功能项为主，并未囊括所有的呼叫中心业务功能项。语音业务的处理功能如表2-1所示。

表2-1 语音业务的处理功能

功能	说明
签入	客服以特定的分机号和工号签入系统，分机只有签入系统，才能够被正常分配电话
签出	客服签出排队机系统
示忙	如果客服人员由于各种原因不需要接通电话，则点击示忙功能项，进入示忙状态
就绪	客服人员示忙后，如果取消示忙状态，则点击就绪功能项，进入来话等待状态
应答	客服接通来话
来话保持	通话后，如果客服人员需要与其他客服人员进行业务询问且不需要用户听到，则点击来话保持功能项
取保持	来话保持后，如果恢复与用户的通话，则点击取保持功能项
呼叫转移	通话后，如果客服人员不能回答用户的问题，可把来话转移到能力高的客服上
呼出	如果客服人员需要对一些用户进行电话联系，则点击呼出功能项，此时主界面弹出询问用户电话号码的对话框，输入号码后，接通用户电话，进行通话
内部求助	通话后，如果客服人员不能回答用户的问题，可向其他客服人员发起求助。点击内部求助功能项，此时主界面弹出询问要求助的客服工号的对话框，输入工号后，与要求助的客服进行通话，解决用户的问题（用户听不到客服人员的谈话）
三方通话	内部求助后，如果需要与要求助的客服人员一起解答用户的问题，则点击三方通话功能项，进行三个人互相通话的状态

续表

功　能	说　明
内部转移	内部求助后，如果需要把来话转移到求助的客服，则点击内部转移功能项
求助结束	内部求助后，如果结束求助，则点击求助结束功能项
挂机	结束当前通话
排队管理功能	具备多技能组客服/智能排队功能。对进入系统的来话，根据一定的来话分配原则，将来话分配到合理的客服上。系统支持以下三种排队原则：a. 轮循：闲置时间最久则优先分配；b. 顺序：总是按指定的顺序从头开始分配；c. 用户定制路由：用户可以根据业务需要灵活定制路由策略
设置随路数据	所谓随路数据就是与呼叫相关联的数据，包括：a. 呼叫属性数据，即标识呼叫属性的数据，如 ANI[①]、DNIS[②]、客户输入数据等；b. 服务的应用数据，即与该服务相关的应用数据，如客户信息、账户信息、交易信息等随路数据功能可以保证数据与语音的同步，为呼叫中心的应用提供了方便的语音与数据集成功能。系统提供了随路数据的访问和设置接口，采用区段和密钥的方式组织随路数据。当需要与第三方语音系统通信时，系统提供符合 XML[③] 标准的随路数据文件。客户可以自行定义和设置随路数据，系统没有随路数据个数、命名和长度的限制
播报工号	客服人员应答来电后，系统自动播报话务员工号，对客服人员的通话进行监督
监听	班长监听席可对任何正在通话的客服进行监听
强拆/拦截	班长监听席能强拆或拦截某一正在通话的客服
录音及录音回放	管理人员可以通过系统远程调听客服人员的通话录音，对所有客服进行相关质量检验工作。同时，通过录音系统让优秀业务代表的录音实例成为案例学习的典范
排队状态显示	班长席能够实时显示系统处于排队等待的用户数及最长等待时间
多语种功能	平台语音支持普通话、粤语、英语等多语种。留有扩展接口，可以通过语音库的扩展，支持更多语种

---

① ANI：Automatic Number Identification 即自动号码识别，也叫主叫号码。向被呼叫方提供主叫方的电话号码。

② DNIS：Dialed Number Identification Service 即拨号识别业务，也叫被叫号码。为电信电话线路提供的向被呼叫方送出已拨号码的功能。

③ XML：Extensible Markup Language 即可扩展标记语言。标准通用标记语言的子集，是一种用于标记电子文件使其具有结构性的标记语言，是当今互联网环境中跨平台的、依赖于内容的技术；也是当今处理分布式结构信息的有效工具。

续表

功　能	说　明
骚扰电话屏蔽功能	系统根据设定的屏蔽机制和时间自动屏蔽骚扰电话
信息查询功能	提供自助服务包含业务查询和自助订单两部分。客户致电企业呼叫中心首先进入语音查询系统，在语音导航的指示下输入不同按键，选择自己想要的信息

非语音业务的处理功能如表 2-2 所示。

表 2-2　非语音业务的处理功能

功　能	说　明
可服务	大部分的呼叫中心语音业务也会有相应的状态。可服务与前面列出的就绪服务功能相同
培训	在绩效考核时培训时间也是算在考核内容当中
话后处理	话后处理是呼叫中心语音业务和非语音业务共有的工作状态
其他	包含午饭、休息、离线等状态

呼叫中心涉及的基本业务功能如表 2-3 所示。

表 2-3　呼叫中心涉及的基本业务功能

功　能	说　明
业务咨询功能	客户或潜在客户的业务咨询范围包括：公司服务或产品咨询、具体项目咨询、付款方式咨询等。系统具有电话主叫号码识别功能，能够记录第一次接入呼叫中心电话的客户的电话号码，这就为企业销售人员进行客户挖掘与跟踪提供了信息资料。来电弹屏功能可以使客服人员了解来电客户的背景资料，拉近与客户的距离，有助于建立起更加贴近用户的服务。呼叫中心系统可将客户来电转接给最符合要求的客服人员，对于老客户还可以建立一对一的关系，将老客户的来电直接转接到其业务经手人或以前与之通过话的客服人员处，有助于客户的维系和服务的延续性
转人工服务	当客户感觉自动服务不能完全解决自己急需各项服务时，可在系统的提示下按键转向人工受理，由人工客服完成客户需求
系统运营统计报表	包括自动呼入数据分析、人工呼入数据分析、业务咨询分析、呼出服务分析、话务员工作量、中继话务量
知识管理	包括知识需求、知识树管理和知识检索。支持多渠道应用，支持用户和客服应用。支持文档、图片等

续表

功　能	说　明
公告信息	公告信息提供发布公告、通知、公司行政文件等功能
排班管理	排班管理模块提供了录入、浏览以及查询交接班记录的功能，具体说明如下。 排班信息录入：排班人员录入值班记录 排班信息浏览：排班人员浏览交接人员录入的值班记录信息 排班信息查询：交班班组、接班班组、记录人员、记录内容等查询值班记录信息
客服论坛	为呼叫中心人员提供交流学习的网上虚拟社区，知识管理员可以维护（新建、修改、删除）论坛版块、指定版主等 知识管理员或客服代表均可以创建主题、大家参与讨论
系统管理	系统管理模块提供了权限管理、个性化系统设置、知识审核流程管理、公告信息类型维护、数据字典维护等功能
系统运行日志管理	系统运行日志包括用户操作信息、系统异常信息，后台程序记录日志信息数据并按时间段保存为日志文件
电子工单系统	包括电子工单业务、系统管理、系统监控、工单分拣、派送、工单处理、工单答复、工单定性、废单管理、流程配置、归档、流程监控、工单分级警告、短消息通知
客户管理模块	建立客户信息资料库、客户信息显示、客户信息修改更新与搜索、客户黑名单和信用查询、客户贡献度累计
销售模块	订单生成、外呼客户、代办事项处理及告警、订单查询统计（日/月/季度/年）
客户服务模块	客户关怀、订单状态查询、知识库及产品咨询、产品更换或退货、投诉处理
营销管理模块	内置预测拨号功能、交叉销售建议、市场调查回访
多媒体联系集成	短信、邮件、传真等接入平台
社交媒体集成	微博、微信等社交媒体集成到业务平台统一排队
智能机器人服务	机器人主动或被动服务于用户和平台使用者

- **自动服务系统**

(1) 语音来电自动接听，自动弹屏

用户来电时，系统自动判断匹配数据库电话号码字段（可以配置多个电话号码字段进行自动匹配);如果没有找到匹配即弹出客户查询界面,自动添加电话号码到默认的联系电话字段中,减少了话务员手动复制粘贴工作,节省了时间。话务员可以通过与用户沟通来查找此用户是否已经存在于系统数据库中。

(2) 自助服务语音流程

目前,已经比较流行应用的自助语音服务,通过引导用户直接说出自己的需求来完成语音导航的任务。自助语音服务除了可以替代基本的按数字、按键导航以外,也可以完成较为复杂的交互需求。如用户说:"我要前三个月的收益情况。"自动语音流程识别后回答:"请问您是要查询5月1日至7月31日的账户收益情况吗?"用户回答:"是的。"自动语音流程自动回复:"5月1日至7月31日您的账户总收益为××元,其中……"

自动语音流程可以有效降低人工服务的压力,拦截多数重复性较高的服务内容。但是,过多地应用机器人自助服务会大大降低用户的服务感受,可能造成用户流失。用户的第一感受很重要,当用户经过一系列摸索和体验之后,问题仍然没有被解决的话,服务危机就出现了;当用户着急解决问题的时候,那些为了拉近距离擅自调侃的机器人语音话术往往会带来相反的效果。所以,谨慎设置自助服务的比例很重要,企业可以适当减少自助服务的层级,方便用户快速找到人工服务的入口以提高服务感受;企业也可以按照用户层级进行分类,不同层级用户阶梯接触人工服务。

(3) 非语音自助服务

目前,非语音云服务供应商基本都配备机器人服务功能,虽然机器人服务功能无须将文字转换成机械、生硬的语音,但是,一旦被用户发现,就会影响用户的服务体验。综上所述,非紧急咨询业务和普通咨询业务可以偏重自助服务,紧急处理业务和核心业务等应尽量以人工服务为主。

(4) 自动语音外呼

自动语音外呼无须配置外呼客服，只需将数据导入外呼平台，由平台自动完成外呼任务，它只涉及数据及报告管理人力成本。企业只需要在提交目标客户资料后设置好语音外呼业务播放的语音系统、引流流程、启动时间段、呼叫频率、呼叫次数、接通后的后续处理条件等，自动语音外呼系统即可完成自动外呼拨号任务，并自动记录外呼结果到数据库。

自动语音外呼主要应用于自动催缴费、自动电话通知、单流程电话问卷调查、信用卡催收等方面。广告或业务推广等外呼骚扰电话除外。

(5) 消息自动下发推送

快速、高效、精准的信息推送服务体现了企业服务的完整性，消息推送时间段需要根据信息类型仔细进行分配和考量。业务催收、产品到期提醒、产品升级信息的推送、优惠政策下发等消息可以通过短信、社交媒体客户端、自动外呼等方式在特定的时间段通知到用户，以达到最佳效果。如在用户发放工资日后的临近时间段进行催收信息的推送等。这里要注意的是，消息下发推送需要经过大量的实验验证谨慎进行以减轻对用户的骚扰。

- **客户资料管理系统**

客户资料管理系统用于呼叫中心客服业务系统。客服通过系统记录查询客户的资料信息，利用专业知识以及知识库为客户提供帮助、记录客户问题、处理客户投诉并建立投诉流程工单等。

系统可录入登记、导入/导出、查询等功能，从而避免因业务人员流动带来客户流失，起到积累客户资源的作用（客户资料各项名称可自定义）。

客户管理模块，所有数据字段包括字段内容、字段限制等均可以通过后台配置生成，新用户信息录入与用户资料管理界面如图 2-3 和图 2-4 所示。

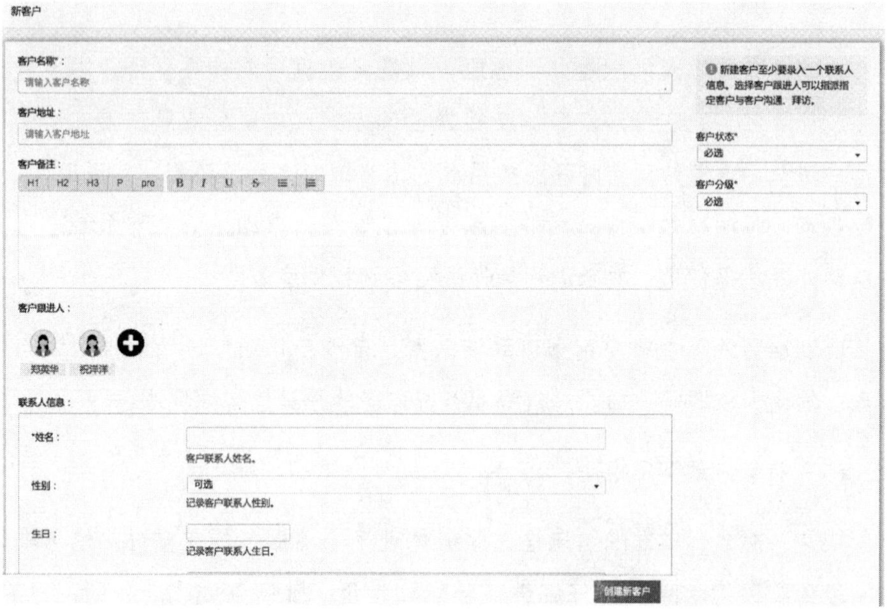

| 金融科技之智能客服

图 2-3　新用户信息录入

图 2-4　用户资料管理

系统可以标注区分客户类型等信息，如潜在客户、客户和流失客户。不同维度客户的后续服务和话术可以进行自动区分和显示，便于客服对应使用。每位客户在系统内都有一个完整的生命周期和互动记录，系统可以通过时间轴的方式显示客户与企业的互动历史，让企业易于掌握客户的最新动态，以便于为客户提供专业、定制化的个性服务，如图 2-5 所示。

图 2-5　客户时间轴与互动历史

● **工单管理系统**

工单是客户的每一次与企业互动的详细记录，是后期数据分析和归类的重要数据来源。企业可以根据客户咨询或投诉的内容进行统一分析归纳，将客户对产品质量、企业服务等的反馈信息进行分析和处理，以提升产品和服务质量。

客户的咨询服务是呼叫中心服务内容中占比较大的一类，服务的速度和质量决定了客户的满意度。工单时效性、完成率、一次性解决率等会被系统自动记录到平台报告中，如图 2-6 所示。工单挂接是一种快速查找定位知识库并通过短信、微信、邮件等进行需求下发的推送服务。工单升级功能决定了服务品质。

公共工单信息是工单流程流转升级到各个节点的需要处理人员跟进处理的内容。客服人员可根据工单类型字段定义工单状态，处理完成的数据点击"完结"状态；暂时处理不了的数据点击"暂存"状态；需要后续升级处理的数据，选择"升级"状态，点击后系统会弹出升级工单内容并填写。如图 2-7 所示。

图 2-6　工单信息

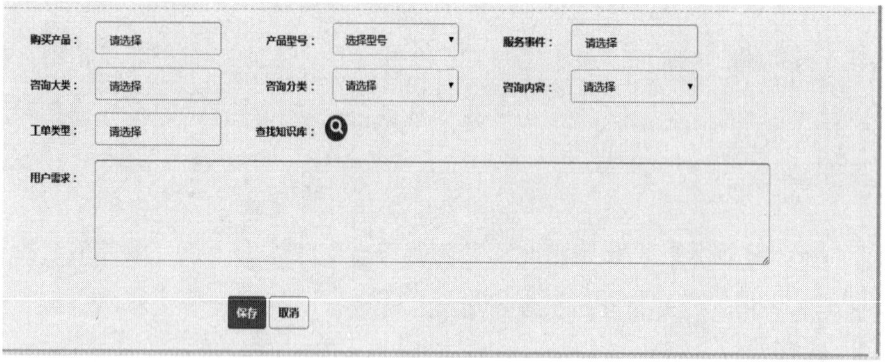

图 2-7　升级工单

升级的工单由二线人员处理后，可以在工单编辑页面查看二线人员处理的时间、处理人、处理状态和处理结果。此部分内容只可以查看，没有修改权限，如需要升级，在工单未完成的状态下，可以提交"升级受理要求"，二线人员判断完结的工单视为工单处理完成，所有信息不可修改。如

图 2-8 所示。

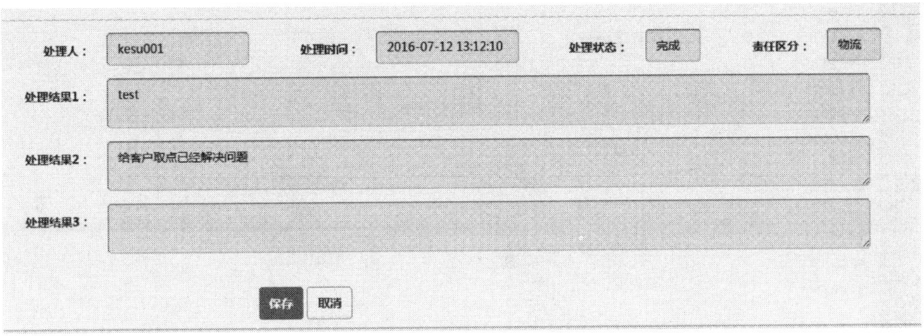

图 2-8 工单处理结果

● 外呼业务系统

电话外呼系统是可独立运行使用的数据运维平台，也是呼叫中心平台的必备功能，企业产品质量检验、问题回复、满意度、产品调研、催收催缴等均需要用到外呼平台。这里介绍的外呼系统主要包含以下三个模块的内容：① 外呼管理模块，可建立专题、建立问卷模板、查看外呼结果等。② 数据设置，设置专题的数据模板、数据导入、数据分配等功能。③ 个人中心，客服登录后进行数据的拨打和问卷记录。

(1) 主页

客服登录后，系统根据登录角色和权限自动分配菜单，规则如下：

① 普通客服：权限包含主页和个人中心，可查看本人分配数据列表和问卷拨打页面。

② 管理客服：管理客服登录，菜单栏显示系统设置、数据统计、客服管理、外呼管理、企业管理等菜单。如图 2-9 所示。

| 金融科技之智能客服

图 2-9　系统主页

(2) 专题管理

在主页外呼管理中，页面下方的专题列表管理，查看专题，点击进入"专题设定"，进入如图 2-10 所示页面。

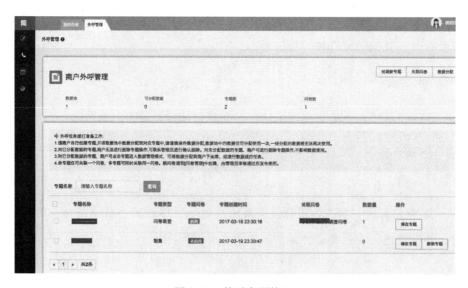

图 2-10　外呼专题管理

专题管理可以管理数据导入和数据分配。数据导入以设置好的模板导入为主，也可以设定自动适应文档，文档类型支持特定格式的文本或电子表格文件。数据分配默认采用平均分配机制，可以选择当前分配数据数量，也可以指定特定的客服，系统分配数据后，客服可以立即开展外呼工作。

外呼数据可以根据用户需求设定自动隐藏部分或全部敏感信息，并严格限制数据导出等可能造成数据泄漏风险的功能。高权限导出日志等记录会被平台自动记录并永久保存，平台也可以监控并拦截异常网络地址导出数据信息，避免用户信息的外泄流失。

平台支持多场地、异地运营管理，不同场地有独立的管理体系及数据、问卷、客服账号、管理人员等配置管理功能。各中心数据、人员、问卷等可以设置私密不互通。

外呼工作可以通过管理人员手动或系统自动分配给客服人员进行外呼，也可以将已经配置好的专题和问卷交由平台机器人进行自动外呼。

(3) 统计管理

统计管理可用于管理人员监控当前外呼团队的工作情况，也可用于总结、导出特定日期的工作量、成功量、成功率等重要的业务指标。分中心结算、话费等数据也可以通过报告查询导出。外呼报告须根据企业及业务要求进行定制。如图 2-11、图 2-12 和图 2-13 所示。

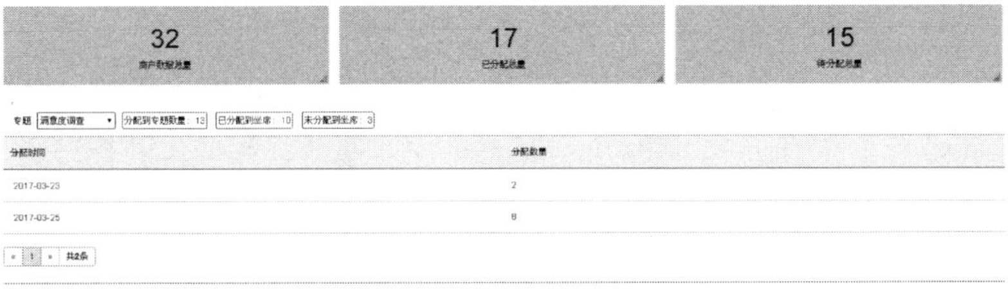

图 2-11　账号开通统计

图 2-12　外呼概况统计

图 2-13　外呼录音调听

(4) 客服工作

人工客服在"我的工作"中可以查看管理人员分配的任务数据。客服可以自行选择数据进行外呼，外呼完成的任务会在工作列表上自动隐藏，客服通过报告页面查看自己的工作日志等信息。外呼未接通电话需要客服填写由系统预设的未接通原因，如空号、关机等。如图 2-14 所示。

外呼数据类型可以分为用户基本信息和问卷信息。基本信息包含用户的基本资料、产品信息等内容。问卷信息包含外呼结果、是否关单、外呼问题等内容（如图 2-15 所示）。系统会自动对每次客服的外呼操作进行记录，对于已有结果数据可以操作结单，结单数据不再显示在左侧的任务列表上（如图 2-16 所示）。

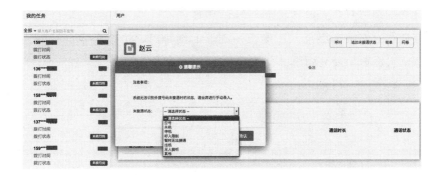

图 2-14　外呼工作列表

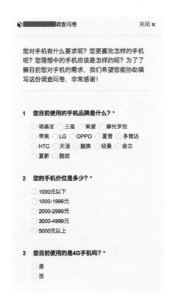

图 2-15　调查问卷

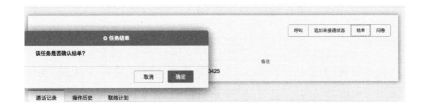

图 2-16　任务结单

每条数据均有通话记录信息、数据操作历史、联络计划（预约拨打）等内容，预约时间由客服录入记录，预约计时结束时，这些内容自动置顶在客服外呼列表处便于客服跟进外呼（如图 2-17 所示）。

图 2-17　外呼预约

- **知识库系统**

知识库系统是可以集成于平台内，也可以独立于平台外的一套全平台应用系统。知识库系统的应用可以面向终端用户，也可以面向客服、机器人及企业新员工培训等。知识库的内容决定了企业的服务质量和水平，完善而强大知识库的使用可以有效地减少客服工作压力，提高一次性解决率及用户自助服务率。知识库完善升级后，可以直接通过网站、社交媒体、手机应用等各个渠道向用户开放，用户通过自助提问的方式获得想要的解决方案。如果用户的问题没有解决，则可以引导用户接入人工客服。

知识库最基础的应用是在客服接听用户致电后，通过知识库为用户解答问题。知识库在客服端的应用主要是在工单处理流程中，可以通过快速搜索方式或高级搜索方式查看知识库内容，为用户解答问题，其操作与用户速查类似。在信息输入框内输入任意文字信息均可模糊查询知识库内的标题和内容等信息。输入时可以随时点选最佳匹配项，信息自动填写至相应的文本框内。当输入查找信息与知识库标题或内容百分之百匹配时自动选中相关知识，并将知识信息自动填写至相应的文本框内。如图 2-18 所示。

图 2-18　知识库工单应用

点击工单信息后面的放大镜图标，可以打开详细的知识库信息查询界面，用于详细查询知识库信息，双击列表中的任意一条知识，可立即关闭已打开窗口，并将知识信息自动填写至问题描述文本域内（如图 2-19 所示）。

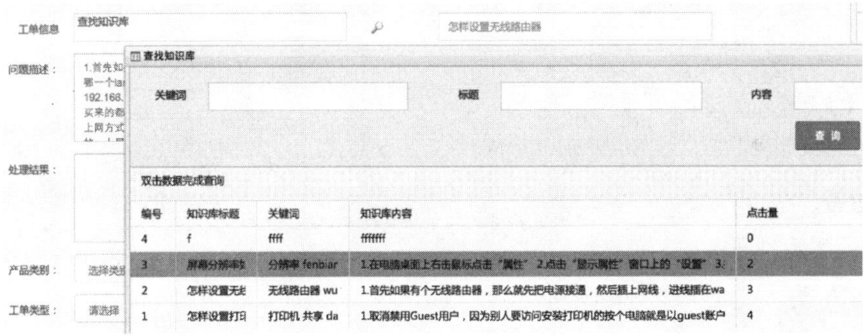

图 2-19　知识库查询

- **质检考核系统**

质检是针对客服工作内容的质量检测，一般分为语音质检和非语音质检。语音质检主要针对用户来电或客服主动外呼的实时或离线录音来进行，可以由质检人员质检或者机器人自动质检完成，其中人工质检以抽检为主，机器人质检可以达到百分之百质检。非语音质检通过查看聊天记录的方式进行，同样可以交由人工质检员或者机器人完成质检工作。质检工作既可以根据会话进行当前会话质检，也可以根据客服多条服务内容进行客服质检。如图2-20和图2-21所示。

图 2-20　质检主页

图 2-21　语音质检和非语音质检

(1) 基本的质检系统需要包含：

① 创建和维护呼叫中心服务品质标准，建立呼叫中心的质量控制体系；

② 规划监控方式，制定监听评分标准；

③ 按规定完成抽样监听及评分工作；

④ 监控客服人员工作，必要时对客服人员进行在线指导；

⑤ 收集监听中的问题，及时反馈，并形成监听质量分析报告；

⑥ 根据客服组长提供的资料和监听收集的素材，汇总、整理并编写案例分析；

⑦ 收集并提出培训需求和信息资料改进意见；

⑧ 协助培训专员检查培训效果，必要时可协助培训工作；

⑨ 依据相关资料，对质量趋势做出判断；

⑩ 提出质量提升的建议及措施，提高呼叫中心业务水平。

(2) 质检系统基本的质检流程：

① 质检专员通过抽检录音、即席抽检等方式对客服进行检查，发现问题并判断是否为共性问题；

② 质检专员根据相应监控标准将录音内容和问题填写到客户代表监督记录表中；

③ 根据客服在电话中出现的问题进行单独指导；

④ 质检专员进行辅导并制定改进办法；

⑤ 质检专员针对改进办法进行跟踪，得到反馈结果；

⑥ 质检专员针对共性的业务知识问题进行汇总；

⑦ 质检专员将业务知识培训需求提交给培训师；

⑧ 在相关业务培训结束后跟踪反馈结果。

- **培训考试系统**

员工在线培训考试系统是以平台知识库功能为依托，通过互联网、移动互联网的方式为员工搭建随身学习考试平台，使员工能够借助方便、快捷的网络形式，利用空余时间进行业务知识学习，以提高业务培训的时效性和扩大覆盖面。

系统需要支持网站、手机浏览器、手机应用、社交媒体等全入口终端访问形式。被授权的考试用户不管身处何地，只要连接网络，就可通过客户端登录在线考试系统，参加在线考试、在线调查、在线报名、在线练习等。该设计实现了按题型随机抽题组卷、在线考试、题库管理、系统管理的功能，能够对客观题在线评分。用户登录成功后，会弹出阅读考试须知界面，然后选择考试科目进入考试页面，完成相应科目考试，系统自动给出考试成绩。

(1) 常见的培训考试系统须具备以下功能：

① 员工在线自主学习。系统可灵活设置培训方式。根据不同岗位建立相应的职业能力知识题库、培训课件、培训视频、示范教学片等内容，此方式的优点是资料共享、内容丰富、即点即学、灵活多样。不同层级的客服人员可根据工作需要和个人能力自主选择培训内容，实现自主培训，满足了员工不同层次、不同阶段的学习需要。

② 职业能力考试评估。可利用系统中考试功能，对培训效果进行测试、评估，系统可根据设置精确划定考试范围、考试题型及难易程度，随机出卷、

在线答题、自动阅卷。

③ 员工培训档案信息管理。可详细记录员工用户的学习培训档案，包括培训经历、学习成绩、专业技能等级等相关内容，随时追踪培训效果，全面掌握员工的学习情况，为评价员工素质能力提供参考信息，从而把培训过程变成培养人才、发现人才的过程。

④ 特殊附加功能。可增加在线调查投票功能、在线互动答疑功能、网上竞赛功能等。

(2) 培训考试系统可以满足系统学习培训的需要，克服传统培训模式的不足，具有良好的实施效果，其特点主要有：

① 时间自如，解决工学矛盾。传统的培训方式需要学员集中学习，由于工作繁忙或责任重大等因素，技术骨干不能及时接受培训，存在工学矛盾。使用员工在线学习考试系统以后，员工可以利用空余时间进行学习，学完课程直接进行在线考试，系统自动记录学习情况。这样既保证了培训效果，又解决了工学矛盾。

② 自主考核，将知识转化为技能。通过该系统能快速便捷地实施分支机构的培训与管理，全面监控员工学习进度、考试等情况，直接对员工的学习成长进行量化统计，便于与绩效挂钩考核。这样就避免了传统培训考核方式的弊端，能真正检测出是否将培训知识转化为工作技能。

③ 改变传统模式，提高培训的效率与效果。每门课程配备相应的题库，内容紧密结合员工能力、素质状况和职位需求，立足长远、突出特色，使员工学有动力、学有收获、学以致用，推动学习培训质量的全面提高，实现培训工作的广覆盖、便捷化、高效率和现代化目标，全面推进业务培训的发展步伐。

● **报告统计**

1) 报表类型

智能型呼叫中心的报告除了包含基本的呼叫中心话务报告以外，还提供给呼叫中心管理人员、企业管理人员一套有指导意义的分析报告。报告可以根据企业特点定制出具企业人员管理、企业用户管理和风险预警，甚至改进意见或建议等高效的工具。基本的报告可以总结如下：

(1) 用户统计报告

统计处于不同状态下用户的数量、不同注册来源用户的数量和用户购买产品的情况，从总体上掌握呼叫中心的用户情况。

(2) 业绩报表报告

根据客服、小组、队列等不同维度的组织对象，统计呼入话务量、外拨电话量、电话质量、IVR满意度、升级工单、工单等数据，直接提取业绩数据。

(3) 话务统计报告

提取运营数据库中的系统话务量、人工话务量、自动业务话务量和队列话务量，在系统报表中实现话务统计和查询功能，根据不同时段、日期、周、月的话务情况，进行排班预测和分析。

(4) 知识库报告

统计知识文档的点击量、关键字的使用情况、新发布文档的数量、文章的等级，调整知识库的结构，优化知识库的使用效率，通过点击次数、查询次数、浏览量和各状态下的文档数量反映知识库的总体运行状况。

(5) 运营状况报告

实现时段、日、周、月的运营指标统计功能，如服务水平、放弃率、平均等待时间、最长等待时间等反映呼叫中心运营状况的指标。

统计监控电话录音的通过率，计算客服、小组、队列的质量监控成绩，可根据不同维度进行结果查询和分析。

统计网站订单的明细情况和在各地域的分布情况，对应不同产品在不同状态下的数量，通过统计来单量、有效单量、平均响应时间反映网站服务入口的服务情况。

统计语音流程中各节点的访问量和放弃率，及时调整流程，缩短客户从拨打服务电话到开始接受客服服务的时间，提高客户的满意度。

统计调研项目的目标样本数量、结束样本数量、成功完成的样本数量等不同的统计项，及时掌握调研项目的进度和完成的质量。通过对问卷结果的统计分析，掌握客户的需求，以调整服务方向和服务策略。

(6) 文档分发报告

由报表系统的管理员指定报表分发的规范，建立报表文档与报表使用者的关系，以邮件的形式主动把经过授权的文档发送至使用者的邮箱中。

(7) 数据图表可视化报告

目前，大部分系统报表软件的图表可视化功能比较弱，只能集成一些通用的图形呈现工具，如折线图、饼图、柱状图等，这方面对于系统集成开发商而言还有很大的进步空间，因为报表工具等成熟产品并没有根据呼叫中心的运营特点实现定制化，这些单一的图形呈现方式对于数据分析人员来说没有太大的帮助，还是需要将数据下载下来再对其进行加工、处理，使其变成想要的图形。数据图表可视化使得报表系统具有图形交互功能，报表系统中集成了图形集和各种可视化模块，报表人员只需要通过简单地拖拽数据就可以将其变成自己想要的图形（动态或静态）。当然，这些模块需要根据呼叫中心的运营特点定制（如仪表盘、数据标签、脉冲图等）。

2）话务报表统计指标

（1）客服分析指标

客服分析能够完整地反映呼叫中心每一客服的工作状态和工作质量情况，统计指标包括：客服呼叫明细报表、客服状态明细报表、客服超长呼叫明细报表、客服振铃超时明细报表、客服组呼叫量对比图形报表、客服呼叫量对比图形报表、客服组平均通话时长对比图形报表、客服平均通话时长对比图形报表、客服组超长通话率对比图形报表、客服超长通话率对比图形报表、客服组平均振铃时长对比图形报表、客服平均振铃时长对比图形报表、客服组呼叫转接率对比图形报表、客服呼叫转接率对比图形报表、客服组振铃超时次数对比图形报表、客服振铃超时次数对比图形报表、客服组平均保持时长对比图形报表、客服平均保持时长对比图形报表、客服状态时长对比图形报表、客服平均处理时长对比图形报表、客服平均事后处理时长对比图形报表、客服使用率图形报表、客服辅助工作率图形报表、客服实际工作率图形报表、客服空闲率图形报表、客服综合报表。

（2）客户呼叫分析指标

客户呼叫分析类报表反映客户、区域呼叫情况，统计指标包括：客户呼叫明细报表、客户呼叫量对比图形报表、客户区域呼叫量对比图形报表、客户呼叫综合报表。

（3）语音流程分析指标

语音流程分析指标能够按语音流程组显示相关呼叫信息的统计结果，能够反映出自动语音应答系统的工作情况，语音流程分析指标包括：语音流程呼叫明细报表、语音流程占用率图形报表、语音流程呼叫量对比图形报表。

（4）队列分析指标

队列分析是对所有呼入电话进入队列、分配情况进行详细的统计，队列分析指标包括：呼叫队列明细报表、人工呼叫放弃率图形报表、呼叫队列放置率图形报表、平均应答速度图形报表、平均放弃时长图形报表、平均排队时长图形报表、呼叫队列综合报表。

（5）中继分析指标

按中继分组的系统运行分析报表能反映中继组内整个系统的综合工作情况，指标包括：黑名单明细报表、呼损明细报表、中继占用率图形报表、呼损次数图形报表、人工服务呼损率图形报表、系统运行综合报表。

智能客服解决方案

自2005—2011年的第三方支付蓬勃发展之后，互联网实质性金融业务大力发展，相继出现第三方支付、点对点信贷众筹等融资平台、投资理财、风险管理、金融产品搜索引擎大数据平台等。

熟练运用互联网、移动互联网技术的年轻一代几乎不再携带现金。吃穿住行玩，小到街边小摊，大到买车买房均可以通过手机完成选购→贷款支付→手机还款等完整的服务流程。甚至有企业管理人员提出希望建立一整套的金融服务，伴随用户从出生到去世的整个生命周期，从业余玩耍、学校学习到工作生活全覆盖的服务体系。全天24小时不间断的需求让金融科技服务面临着比传统金融服务更加多样和更强时效性的服务需求。用户来源渠道越来越多，对服务质量要求也越来越高。行业呼叫中心解决方案需按照不同业务类型、不同产品线进行详细划分，平台功能需经过大量线上线下、模拟实验和模拟数据等的验证。

金融科技行业起步晚于呼叫中心的发展，没有经历呼叫中心客服体系的变化历程（如图2-22所示），直接接触和广泛应用的是全媒体客服（智能客服），用户通过企业提供的手机应用、企业社交媒体入口、官网、电话等渠道与企业沟通和解决问题，用户体验有较大提升。

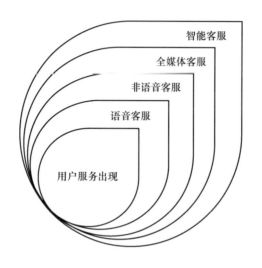

图 2-22 客服体系变化历程

保险行业率先引入了带有语音识别技术的语音导航功能，引导用户通过直接说话的方式完成查询、接入客服等功能，至今已经有保险、金融等多种行业逐渐引入带有语音、语义识别的语音导航功能。

随着国家对智能产业支持力度的加大，智能产业从业人员和创业公司迎来了发展的契机，各行各业普遍开始引入集成智能化应用和产品，呼叫中心行业也不例外。整个呼叫中心前端服务及呼叫中心后台逐步由全媒体客服转换为智能客服，智能化升级引入了语音识别、语义理解、情绪分析、数据抓取、大数据平台、智能管理等功能。智能化的呼叫中心客户服务产品层出不穷，服务方式和应用场景也由传统的语音和非语音人工服务转换成为"多入口、全天候智能自助＋人工辅助服务"的形式。虽然不同行业的服务时效性要求各不相同，但无论哪种行业的呼叫中心智能化系统都需要实现服务前的服务引导、服务中的服务质量和服务后的质量跟踪等一套完整的生态服务体系（如图 2-23 所示）。呼叫中心智能服务是无明显服务界限的完整客服平台。

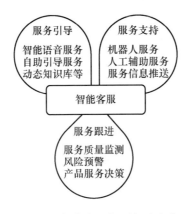

图 2-23　智能客服闭环解决方案

在金融科技行业，智能服务可针对客户服务需求进行定制化配置开发，融合人工智能和大数据技术，将智能化辅助服务渗透至自助、引导、沟通、服务、决策、管理、安全各个环节中。前端的服务引导是第一时间面向用户的即时服务，引导的效率和质量决定着用户的满意度和忠诚度，智能语音服务应尽量减少广告和语音播放时长，后端服务应配合前端引导来优化服务流程和服务环节，建立短信、社交媒体等渠道的实时自助服务流程的下发推送，用户通过听觉和视觉快速地获得清晰完整的服务体验。

不论用户选择自助服务还是选择人工客服，第一时间接触到的就是企业知识库，知识库内容的来源不限于数据库中特定的静态知识，也由服务客服、机器人辅助、互联网、移动互联网、生产系统等渠道主动或被动获得动态内容。动态知识库处于整体服务的前端，实时服务于用户。动态的概念源于软件技术中以数据作为支撑的实时服务形态。知识库的动态内容由客服、用户、机器三个大方向不断地总结获得。

用户自助服务即智能客服机器人服务，它是以自然语言处理、语音识别、语义理解、人机交互等多种人工智能技术和互联网技术为基础，通过互联网、移动互联网、语音等方式进行的主动或被动服务，也可以由机器人和人工客服同时服务于用户。机器人服务可以显著降低客服的服务压力，通过机器人来管理服务信息的更新和下发，为用户提供精准的服务进度推送。

在用户接触不到的服务后端，服务质量监测、风险预警、产品决策体现了服务中心的核心价值和竞争力。服务质量监测包含机器人、人工客服、产品等全部的服务入口，监测服务效率、内容、准确率、一次性解决率等关键指标。风险预警是质检功能的延伸，可以看成是实时质检，实时质检是百分之百质检，相比传统质检有了较大的功能提升。动态服务内容被平台实时监控，如果遇到投诉、情绪变化、敏感词、异常服务时长、产品质疑等关键问题，会通过告警消息推送等方式提醒管理人员介入处理并同时推送当前服务的客服。产品决策通常是数据后续的处理工作，企业可以通过客服中心获得产品体验的第一手资料，为公司决策提供重要参考。

2.4 呼叫中心精准外呼营销及主动服务

呼叫中心精准外呼营销及主动服务简介

外呼营销及主动服务是基于大数据归纳总结后，为了达到更好的服务体验，由客服中心通过语音、非语音、社交媒体等渠道主动联系企业用户的服务行为。另外，通过大数据采集与分析获得的日常被动服务数据信息也是目前外呼营销和主动服务中的主要数据来源。

外呼营销是企业获得新用户的主要渠道，是企业宣传自己的机会。但是，外呼营销是一把双刃剑，谨慎使用能达到事半功倍的效果；过度使用会适得其反，伤害企业的利益。所以，营销的精准度和匹配度很重要。准用户通过网站、手机应用、广告、搜索引擎等入口与企业建立联系，企业在准用户授权的情况下，通过平台的总结分类为客服提供准用户及对应推荐的金融产品的相关信息进行针对性的外呼营销工作，提高成功率。

通常来说，主动服务面向的服务对象是用户，而非准用户，服务内容为产品的服务期限提醒、产品的更新升级提醒等。主动服务可以加深用户对企业的印象，让用户更容易接受弱营销带来的负面影响。营销服务可以在用户的产品服务到期前进行，用户通过一个有效期内的产品及产品辅助服务获得比较充足的产品体验后，其是否选择当前产品、新产品或终止合作取决于主动服务的精准度。通过用户日常与客服中心的沟通内容可了解到用户对产品的意见、建议以及对新品或竞品的对比情况等。通过追溯用户从准用户到用户的过程，以及整个服务周期内所有交互历史可以总结出用户对产品及服务的关注点和服务痛点，通过梳理和分析来解决用户的痛点，了解用户的关注点，给用户一个留下的理由。

营销、主动服务的目的是用户转化和留住用户，加深用户对企业的印象，通过数据分析减少或避免对准用户的打扰，为准用户进行有针对性的产品介绍，让其了解产品、了解企业。企业可以通过手机短信、手机应用、社交媒体等渠道为用户推送详细的产品介绍、企业介绍、优势分析等，达到加深听觉、视觉双重记忆的效果。准用户的转化和用户满意度的提升依赖于高效实时的数据平台为用户提供完善的售前、售中、售后服务体验，其服务流程如图 2-24 所示。

综上所述，营销/主动服务是企业被动服务有力的辅助服务手段，为企业产品及业务等决策提供强有力的参考依据。

| 金融科技之智能客服

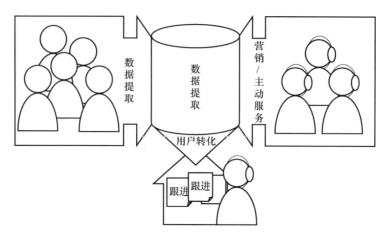

图 2-24　营销/主动服务结构图

呼叫中心精准外呼营销和主动服务关键技术概述

- **多渠道数据导入**

传统呼叫中心系统提供外呼数据导入的模板进行数据导入操作，主要体现在电子表格、文本文档等实体文件导入模式。随着社会各行业、各种系统的不断升级，数据的网络化、信息化、多样化形式日益增多，新型外呼系统接收数据的来源也在不断更新，数据导入形式增加了互联网标准通用格式导入、标准接口数据导入、数据主动实时推送、数据更新导入、多媒体渠道数据解析导入等方面内容。

- **人性化设置外呼任务与任务分配**

不同的专题和业务在系统设置和分配时可以直接应用模板文件来满足不同客户的不同需求。同一个项目可能会有不同的业务，如面向资金需求方类型不同的金融产品，按照类型分别接入不同问卷的话术，不同的问卷语术在业务细节上略有差别，但不影响整体任务的分配和处理，客服人员也比较容易跟进。

- **预测外呼**

  预测外呼是呼叫中心批量外呼的一种，该种外呼方式可有效过滤无效号码，由平台把接通的电话分配给客服，客服摘机即可和用户进行沟通，极大地提高了工作效率。预测外呼通过自动管理接入空闲客服，做到合理利用客服资源，让客服人员专注于与用户的沟通，避免客服分心处理琐碎的重复性工作。

- **预览外呼**

  预览外呼是由管理人员或平台自动推送所需要的外呼数据给客服人员，客服可以先浏览用户的基本信息和对应的问卷信息，以便更有针对性地与用户交流沟通来提高成功率。预览外呼由客服手动服务，相对于预测外呼效率有所降低，但是相应的成功率会有所提高。

- **智能自动外呼**

  智能自动外呼即由机器人通过数据分析提取满足外呼条件的数据进行主动外呼服务，机器人通过语音识别、语义理解、情绪分析、自然语言处理等技术手段完成与用户的交流，达到通知下达、信息确认甚至营销等目的。整个沟通过程由机器人模拟人声用普通话与用户进行沟通，其模拟度已经达到让人难以分辨的程度。

  目前，市场上也有一些产品是通过播放人工录音并结合语音识别的方式完成自动外呼工作的，这种方式适合简单业务流程的外呼工作，如催缴工作、业务通知等。

- **社交媒体接入**

社交媒体因具有快速到达、易于触发、用户关注度高等特点受到越来越多企业的关注，主动服务结合社交媒体的服务方式能从听觉和视觉两方面影响用户，用户通过完善、统一的服务感受到企业的专业性和可靠性，从而更加信任企业及企业产品。

社交媒体的信息推送可以在与用户接触前下发，也可以在与用户接触后下发。不同用户的行为习惯决定着企业不同的工作策略、发送不同的内容、针对性地提供个性化服务，这也是企业留住用户的重要手段。社交媒体数据反馈给客服中心后，平台通过导入分析与用户的接触记录进行整合完善，并规划未来与用户接触的方式、方法、话术、时间等。

- **时间轴**

呼叫中心工作人员通过分析提取数据，按时间轴梳理用户的交互历史及偏好。时间轴体现的是用户关注的产品、行为习惯、消费习惯、敏感程度等信息，系统以此来引导客服为准用户和用户提供精准的主动服务。

- **分析报告**

分析报告对于客服中心的管理者和企业起着至关重要的作用。分析报告通常包含客服的工作数量、工作质量、工作效率、成功量和成功率等基础指标。如果以用户的维度进行统计分析，可以统计地域分布、用户接听量、时间维度的成功率、用户产品组合报告、产品满意度和服务满意度等信息。

但是，上述基础报告无法满足企业数据价值最大化的需求，深入的分析报告可以为企业提供整体服务配合产品围绕用户生成的分析报告。报告可以将用户关注点，如产品收益、安全性、投资方向、本金保障、资金规模等关键信息以图形方式展现，便于企业针对用户关注的信息对产品进行改进或升级。用户痛点分析报告可以获得用户对自家产品、竞争对手产品、服务等多方面的数据信息并进行产品调整。用户痛点的数据来源可以从用户与客服人员的对话中提取获得。解决方案分析报告可以针对用户的关注点、痛点出具分析报告，如对产品合理性的分析、问题对应答案的风险预估和应对方案等。

外呼主动服务众包

服务众包是指通过接入互联网云平台的方式，把过去由企业自建或外包呼叫中心的客服人员执行的外呼工作任务交由全国各地甚至世界各地的客服人员接入互联网云平台提供服务的一种服务方式。

服务众包能为企业节约大量成本，包括人员工资、人员福利、场地、管理成本、软硬件成本等固定成本，也包括人事招聘、行政管理等附加成本。服务众包方式大大提高了工作效率，将数据按照工作任务进行精细分配，并根据客服的工作能力进行数据下发，达到质量和效率双赢。

服务众包通过自动质检、管理分散的客服人员，实时监控客服人员的工作状态，对工作偷懒、异常错误等问题进行实时升级告警，通知管理方介入管理，并对客服人员进行自动评定，直至强制停止工作。

- **外呼主动服务众包功能点**

① 互联网、移动互联网云平台服务。

② 企业自行注册、验审、充值、发布任务，自动配置客户字段和问卷信息。

③ 面向社会招聘云客服，实名注册、线上培训、线上考核、技能评级，审核通过后，可在任何时间、任何地点通过电脑、移动端设备、通话耳机完成外呼任务。

④ 企业发布任务，系统审核后上线。

⑤ 云客服可通过电脑、移动设备在线接单。

⑥ 企业在任务完成后审查任务完成情况并对抽查问卷和录音信息进行质检，通过后付款。

- **服务众包具有低成本、快速特点的同时也有比较明显的缺点**

① 服务众包过程中，因为远端客服人员工作能力参差不齐，对于复杂任务的服务结果有较大差别。

② 客服人员普通话的标准程度因地域分布有较大差别，容易造成用户的抵触情绪。所以对核心业务，企业可以选择自己组建团队进行服务，非核心的普通业务则可以通过外包或众包的方式运营，如通过外包客服、服务众包、机器人自动外呼等方式处理单流程的简单业务，以此来达到最佳的服务效果和性价比。

章 节 习 题

1. 什么是金融科技？

答：金融科技，顾名思义，是当前互联网技术应用和传统金融业务的结合，根据互联网的大数据整合和云计算的开放形成的新一代金融发展模式，这种模式包含了新的市场体系、服务模式、金融组织结构和互联网监管的管理体系，使金融市场可快速、普遍地应用于互联网环境，带入互联网用户流量，增加金融体系中更多的用户资源。

2. 呼叫中心对金融科技行业的主要作用有哪些？

答：① 解决金融科技业的信任问题；

② 提高金融业的运营效率；

③ 加强企业的营销推广。

3. 什么是智能客服机器人？

答：是以自然语言处理、语音识别、语义理解、人机交互等多种人工智能技术和互联网技术为基础，通过互联网、移动互联网、语音等方式进行的主动或被动服务，也可以由机器人和人工客服同时服务于用户。机器人服务可以显著降低客服的服务压力。通过机器人来管理服务信息的更新和下发，为用户提供精准的服务进度推送。

第 3 章
呼叫中心云平台

3.1 呼叫中心云平台的技术体系介绍

云计算概念

搭建呼叫中心的云平台,首先要明确云平台和云计算的概念(云平台的概念将在 3.1.3 中介绍)。云计算是基于互联网相关服务的增加、使用和交付功能,通过互联网提供动态易扩展虚拟化的资源。"云"是网络、互联网的一种说法。最初,"云"概念是指移动网络或互联网网络,后来把网络和底层基础设备的概念更加抽象化。因此,云计算具有超强大的运算能力,甚至可以达到每秒 10 万亿次,可以模拟原子弹爆炸、预测天气变化和产品发展趋势等。

目前,人们对云计算的解释有很多种。现阶段广为接受的是美国国家标准与技术研究院（NIST）对"云"做的定义：云计算是一种按使用量付费，提供便捷可用、按需使用的网络访问模式，用户只需要进入可配置的计算资源共享池（资源包括网络、服务器、存储、应用软件、服务），投入很少的管理工作，或与服务供应商进行很少的交互，就能快速提取相关资源。

云计算是通过将计算分布在大量分散的非本地计算机上或远程服务器中，使企业数据库的运行与互联网更相似，这就使得企业能够方便地将数据资源切换到需要的应用上，根据需求访问计算机和存储系统。

云计算的主要特点如下：

(1) 具有相当大的规模

"云"具有非常大的规模，一般大型云计算数据中心拥有上百万台服务器进行处理计算，中大型数据中心拥有几十万台服务器。企业私有"云"一般拥有数百上千台服务器。"云"能赋予用户前所未有的计算能力。

(2) 运用成本低廉

"云"的特殊容错措施使得企业可以采用极其便宜的电脑和服务器节点来构成云，其自动化集中式管理使许多企业无须负担日益高昂的数据中心管理成本，云的通用性使资源的利用率相比传统系统大幅提升，因此用户可以充分享受云的低成本优势，只要花费几百元、几天时间就能完成以前需要数万元、数月时间才能完成的任务。云计算彻底改变了人们未来的生活。

(3) 跨平台应用性

"云"的体系框架中可以构造很多关联的应用场景，同一个云空间可以搭建不同的服务和应用。

(4) 极高的稳定性

"云"使用了数据多副本容错功能，由于每个计算节点配置相同、结构相同，所以计算节点之间可以通过互相交换来保障服务的高稳定性，使用云计算比使用本地计算机或者服务器更有优势。

(5) 较高的延展性

"云"的配置搭建本身就是集合的概念，所以从理论上来说这个集合可以是无限多资源的统一和整合，可根据应用对需要的资源进行灵活的硬件配比，并且不影响目前应用的使用。

(6) 较高的灵活性

云计算的另一个比较大的优势是只需要基本的网络环境。用户可以在任何地点或设备上连接应用服务，云地址也不是固定不变的，像服务器之间的负载均衡一样，访问的地址也许是 A，也许是 B，但这并不影响应用的实际使用。

(7) 云计算的缺点

"云"所承载的作用并不仅限于计算应用，还包含了数据存储功能，而数据又包含了用户的一些敏感信息、购买信息或者银行信息。这些数据都是存储在各种企业提供的云上，而这些企业毕竟属于商业机构，商业机构的最终目的是获取最大的商业利益，用户信息和敏感数据有泄露的风险而又无法追踪溯源。所以，金融科技企业更多地选择自建呼叫中心平台，甚至搭建私有云平台实现系统和数据自营，以减少数据丢失、泄露的风险。

云计算体系构架

云计算的体系结构不仅包含硬件结构，还包含软件平台构架，云计算是基于物联网的设备无限连接模式，这就需要多种技术设备相结合。这类似于负载均衡，各种设备需要有均衡的软件服务、均衡的技术配置和均衡的资源管理调度。这里所说的资源包括计算机硬件资源和软件资源两方面，计算机硬件资源包括计算机、存储设备、服务器集群、硬件服务等，软件资源包括应用软件、集成开发环境、软件服务等。云计算体系中涉及的节点如图 3-1 所示。

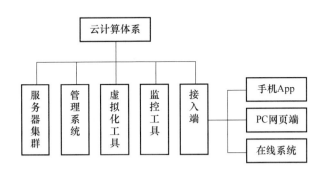

图 3-1　云计算体系

● 云计算机体系的入口

（1）管理系统

指搭建在云服务器平台的 SaaS[①] 平台、PaaS[②] 平台及垂直领域的服务系统 OA[③]、CRM[④] 等面向企业或客户终端的各种平台及应用系统。

（2）虚拟化工具

主要提供管理和服务的工具。管理云用户的使用权限、授权、使用认证、

[①] SaaS：Software as a Servica，软件即服务。可以简单理解为移动互联网上的软件服务，其相比传统本地化软件有着快速灵活的特性。采用此种方式公司前期的资金投入和时间投入相对较低。
[②] PaaS：Platform as a Service，平台即服务。把服务器平台作为一种服务提供给用户的商业模式。
[③] OA：Office Automation，办公自动化。是将计算机通信等现代化技术运用到传统办公方式中，代替部分手动或重复性劳动的一种技术手段。
[④] CRM：Customer Relationship Management，客户关系管理。企业通过客户关系管理系统来管理与客户之间的关系。系统是选择和管理有价值客户及其关系的一种商业策略，系统要求以客户为中心的商业哲学和企业文化来支持有效的市场营销、销售与服务流程。

后台及一切可用的计算资源和服务；接收用户发送的请求，根据用户请求转发至相应的应用程序，调度并智能地部署、配置和回收资源。

(3) 监控工具

主要作用是对云进行安全和资源计算使用情况的监控，以便做出迅速反应，完成各节点服务器同步配置、负载均衡配置和资源调控监控，确保资源能顺利分配给合适的用户。

(4) 服务器集群

分为虚拟服务器和真实的物理服务器。不管哪种设备都是由管理系统统一管理，如对用户发出的大批量请求的回应、巨大运算量的处理、基础网络应用服务的申请等。在云构架中，数据的存储基本采用相应数据切割的算法，即将数据以并行的方式上传和下载。

(5) 接入端

即用户端，是用户或工作人员使用应用的各种终端设备，如手机 App、PC 网页、在线系统等。

● 云计算的技术结构层级

在云计算中，根据其服务集合、服务类型的不同方式，可以将云计算的技术结构层级大概分为四层，即应用层、平台层、传输层和感知层（如图 3-2 所示），值得注意的是，云计算体系结构中的层级是可以分割的，即某一层级可以单独完成一项用户的请求，而不需要其他层级为其提供必要的服务和支持。这不同于计算机网络体系中的层级，在计算机网络中，每个层级都有不同的实现定义，层与层之间存在一定的关联。

图 3-2　云计算服务层次

● **云计算的系统架构**

我们所定义的云呼叫中心一般都是有能力承载上千客服及以上规模的呼叫中心，由于客服数据传输量大、电话和网络线路繁多，目前比较流行的架构思路是采用语音和数据的交换与具体核心业务相分离的架构方式，通过网络端口的方式传输用户数据。

架构说明：

① 企业客户与企业客服人员使用固定电话或手机等终端设备将运营商的通信网络接入呼叫中心系统，呼叫中心系统再根据后台的语音交换机等设备进行分配。

② 在可以访问互联网的环境下，企业客户与企业客服人员通过个人电脑、手机等终端设备，像登录网页一样登录企业的核心业务系统进行业务操作。

③ 架构结构采用多体系化的设计，整个平台采用一个云平台多种交换方式，这种方式使得云呼叫中心几乎不受任何限制和影响，解决了传统呼叫中心建设依赖于固定硬件设备、扩容困难的痛点，有效避免了一旦单一硬件或者软件发生故障导致所有企业呼叫中心系统不能使用的问题。由于后台管

理只负责配置多个企业的内线、外线、客服等资源,因此可以在单机上做到很大规模;多个交换落地之间互不干扰,能够很好地满足外包呼叫中心的要求并且可以线性叠加,每个交换落地即是一个交换的 CTI 引擎,具有丰富的媒体资源和强大的语音处理能力,可实现高负荷、大并发和关键业务的可靠运营。

④ 灵活的业务系统部署,平台为每个企业用户创建独立的 CRM 数据库既可以存放在云端,也可以部署在企业内部,实现不同企业之间业务数据的完全隔离,实现企业私有数据完全保密。

⑤ 灵活强大的开放接口,企业已有的业务系统通过标准的网络传输协议可以访问平台的所有话务功能。

云平台部署

呼叫中心云平台是软交换技术架构和云平台构架组合的平台,采用灵活开放的国际化标准控制信令,同时支持电话网络(数字、7 号、模拟)和中继接入模式,核心软件服务包括 PBX①、CTI、IVR、录音等服务模块。系统核心服务以及客服终端设备通过网络连接在一起,客服终端设备可以使用数字话机,也可以使用模拟话机。使用模拟话机时,客服终端需要通过座席网关与呼叫平台连接在一起。平台支持基于服务器的云联络中心部署,而无须采购大型厂商的通信设备。云平台是一个巨大的网络环境,连接着很多网络上的计算机和服务器,可以利用负载技术扩展每一个节点机器的运算能力和存储能力,将分散的资源整合起来,形成一个巨大的云运算容器和存储容器。

呼叫中心平台适应企业现有组网架构,企业 CRM 系统部署在企业内部服

---

① PBX:Private Branch Exchange,用户级交换机。即公司内部使用的电话业务网络,系统内部分机用户分享一定数量的外线。

务器上，通过网络和云端的交换落地相连，满足企业客服业务应用的互联互通，实现企业平台和业务资源共享，更加有效支撑企业客户服务业务的发展。

3.2 呼叫中心云平台应用

呼叫中心云平台，可以从两方面进行定义：从技术层面定义，呼叫中心平台使用了云技术搭载，可被称为云呼叫中心；从服务模式层面定义，企业不需要采购呼叫中心设备和线路，只需要购买简单的终端设备，如电脑、话机，有一定的网络环境支持、可以通话的耳麦就能完成通话操作。

呼叫中心云平台涉及计算机软件和硬件技术、互联网技术、计算机与电话系统集成技术、客户管理系统集成、交换机通信技术等诸多方面内容。云呼叫中心是由云服务平台进行配置部署，终端用户无论身处何方，只要能够连接互联网，就可以通过电脑设备实现远程连接并进行管理和通话。在移动互联网发展如此迅速的今天，除了传统话机、个人电脑以外，云服务平台还支持智能手机、平板电脑等移动终端的接入，这就使服务变得灵活多样，甚至可以在家办公和管理。此外，呼叫中心云平台还需要提供强大的图形化报告和监控系统，让客户能够快速启动、快速运营。

- **云呼叫中心能提供的客户体验**

(1) 与传统话费费用相比，低廉的成本建设资金产出比更高

(2) 可根据企业业务量实时调整客服规模，避免低峰浪费和高峰不足现象

(3) 使用环境灵活，只要有网络和终端设备即可使用

(4) 对于客户自身的核心业务系统集成灵活、开放的平台接口

● 企业建立呼叫中心的好处

(1) 有效提高企业的品牌形象,为用户建立一站式服务平台

企业搭建自己的呼叫中心平台后,可以通过呼叫中心将企业所有分属职能部门集中在一个服务入口,最终实现利用电话或者在线客服就能解决客户所有问题。

(2) 提高员工的工作效率

呼叫中心平台能根据客户历史工单信息和客户反馈信息,有效地减少通话时间并提高客服工单处理量,客服可根据来电弹屏自动匹配客户信息,并对问题进行跟踪处理。同时,自动语音应答系统提供的 7×24 小时自动在线咨询和查询业务,可以将客服人员从重复、繁杂的工作中解放出来,去处理升级工单业务或直接进行实质性销售业务,最终达到提高工作效率和服务质量的目的。

(3) 有效降低企业运营成本

呼叫中心可以通过中继线路进行通话,中继线路话费比正常固话和手机话费要低得多,也可以通过在线服务和短信服务等渠道进行业务关联和问题处理,二者可以在很大程度上降低运营成本。

(4) 提高面向咨询客户和投诉客户的服务质量

呼叫中心可根据主叫号码或被叫号码自动匹配相关信息传送到客服系统页面上,客服工作人员在接到电话的同时就拿到了包含客户的基本信息、购买产品信息、历史工单记录、近期互动记录等与该客户相关的信息。呼叫中心平台可以根据这些信息按照预先设定好的技能组把呼叫转移至相应组别的客服上,使问题尽快得到解决。

(5) 保持客户黏性

企业对于客户的发展预期是：由潜在客户转变为客户，再通过服务转变为满意客户，留住客户的同时，再引流新客户。失去一个老客户的损失需要 7～8 个新客户来弥补，而 20% 的重要客户可能为企业带来 80% 的收益，所以留住客户是比发展新客户更为经济有效的管理办法。在完成采集客户资料后，呼叫中心系统提供数据分析、报告分析等工具帮助企业寻找有价值客户，寻找老客户的需求并予以满足，提供高水平的服务，以达到留住客户的目的。

(6) 对于客户的定制化需求给予多元化的解决方案

随着产品和服务的不断升级，呼叫中心服务也需要进行升级以满足用户的个性化需求。呼叫中心帮助企业建立精准的电话营销中心，客服通过有效地沟通采集到大量的用户信息、产品需求信息以及产品使用信息，从而形成用户数据库，并通过不断积累的信息，分析用户的需求特点，通过语音、电子邮件、微信推送等用户方便接收的形式针对性地为用户提供产品及服务，满足其个性化需求。

(7) 区分客户等级，提升客户价值

呼叫中心可以对客户进行分级设定，并进行有效管理。如关注重点客户的需求，优先处理重点客户的反馈，找出高等级客户的需求并加以满足。

(8) 在服务中创建新的合作渠道

呼叫中心系统在服务客户的同时，从客户每一次呼叫中捕捉新的商业机遇和合作渠道，了解每一位用户的真正需求，提高解决问题的效率，密切关注企业与客户的联系，使企业的产品和服务更有价值。

章节习题

1. 什么是云计算？

答：云计算是基于互联网的相关服务的增加、使用和交付功能，通过互联网提供动态易扩展虚拟化的资源。

2. 云计算服务集合被划分成哪四个层次？

答：应用层、平台层、传输层和感知层。

3. 云呼叫中心能提供的客户体验有哪些？

① 与传统话费费用相比，低廉的成本建设资金产出比更高；

② 可根据企业业务量实时调整客服规模，避免低峰浪费和高峰不足现象；

③ 使用环境灵活，只要有网络和终端设备即可使用；

④ 对于客户自身的核心业务系统集成灵活、开放的平台接口。

第4章
金融科技大数据应用

4.1 大数据简介

随着移动互联网的迅速发展和云技术的不断创新,大数据(Big Data)越来越引起人们的关注。大数据是指无法在短时间和一定范围内用常规软件工具(包括数据库软件在内)进行数据捕捉、数据管理和数据分析处理的数据集合。大数据需要用新的方式来增强数据分析的能力、数据挖掘的能力和流程预期的能力,以实现当前对数据需求的海量、高增长性和多样化的需求。另外,大数据是一个综合性的概念,它包括但不限于海量的数据集合和数据产生的信息资产,是一种对数据集合进行收集整理、存储划分、后期处理、分析和利用的技术,它能够通过这些数据获得实用意义和观点,分析市场发展走势、了解终端用户需求,并根据分析结果对用户进行精准化的服务跟进,发掘一切可以利用的价值。

大数据技术在呼叫中心的发展中起着至关重要的作用,呼叫中心本身就是数据集合的载体，呼叫中心承载的不仅仅是大批量的、结构化可分析的数据，还有很多非结构化的附属数据，所以未来呼叫中心发展需要以大数据和云计算为基础，深层拓展数据可用性、挖掘数据延展性，为呼叫中心智能化、便捷化、精准化发展作出重要贡献。

金融科技行业的发展竞争激烈，产品的种类已经定型，可以衍生出的有创意的新产品凤毛麟角，那怎样才能在这场没有硝烟的战争中脱颖而出，获得最后的胜利呢？大数据应用就是一把利剑，谁能利用好这个武器，对金融数据、产品和用户进行定制化的专业分析并做出相应策略，谁就能获取最后的胜利。

不仅是在金融科技行业，激烈市场竞争中的所有行业都存在这样的问题，所以怎样通过用户的最前端数据深入挖掘市场的需求、了解市场动向、规避企业风险等就成为至关重要的一环。而前端数据正是由企业的窗口——呼叫中心产生的，用户的来电信息、产品信息和投诉信息里蕴含了企业发展的重要信息。

大数据将用户分为潜在用户、竞争对手用户、现有用户、流失用户等。

潜在用户是营销工作中耗费精力和时间成本最多的一类用户。在潜在用户的心理状态处于左右未定的阶段第一时间切入营销，是建立和提高潜意识满意度的最佳时机。

竞争对手用户在营销中需要谨慎对待。因为既有的潜意识满意度思维会引导用户排斥同类的其他商家，商家需要在话术和技巧上下较大功夫。一旦用户有排斥的话语出现一定要提前为客服提供话术变化的支持服务，如可以通过抓住用户对现有产品的不满之处为用户推荐新品。

现有用户是相对较容易维护的用户。针对现有用户所关注和使用的产品进行新品推荐购买是非常容易的。

流失用户是企业较大的风险来源。风险控制除了通过人员监督控制以外，更需要通过系统得到预警。不同来源的零散大数据通过抽取用户的完整信息来展现用户是如何流失的。用户在流失前的种种互动迹象就是警告信息，从开始抱怨到最终流失之间的任何时候都可以进行干预和挽回。同时流失后用户对产品的失望会延续，仍然可能会通过社交媒体波及身边的亲人和朋友，流失用户的继续跟进和主动服务也是企业服务的必修课。

大数据在呼叫中心的应用不止于此，数据的应用涉及企业管理、员工管理、用户维护等。企业管理中需要依据实时的消息做出积极的响应，大数据的应用能够全方位的监控企业服务和运行状态，为企业全天候实时把脉，高效规避风险，提升企业竞争力。

- 大数据技术盘点

目前，大数据技术主要集中在大数据收集、大数据存储、大数据结构处理和数据分析方面。以当前技术背景分析，互联网产生的海量数据中超过80％的数据都不是结构化的数据，主要是半结构化和非结构化的数据，传统的关系型数据库已经无法处理如此海量数据了。

大数据处理关键技术主要包括大数据采集技术、大数据存储及管理技术、大数据预处理技术、大数据分析及挖掘技术、大数据展现和应用技术。

- 大数据采集技术

数据采集，首先需要定义什么是数据，数据是指通过人工记录、平台技术手段记录、社交网络交互及移动互联网等方式获得的各种类型的结构化、半结构化及非结构化的海量数据，是大数据技术服务模型的根本。目前，基本的数据采集手段已不能满足海量数据的需求，这就需要采用具有分布式结构特点，能更高速且更可靠进行数据采集和获取并可以进行大批量数据全映像的大数据收集技术和能突破高速数据解析、转换与装载等的大数据整合技术术来设计质量评估模型和开发数据。

大数据采集是一个繁杂的过程，需要从以下两个层次进行解析。第一层为大数据智能感知层：主要包括数据传感体系、网络通信体系、传感适配体系、智能识别体系及软硬件资源接入体系，实现对结构化、半结构化、非结构化海量数据的智能化识别、定位、跟踪、接入、传输、信号转换、监控、初步处理和管理等。其中，针对大数据源的智能感知识别、传输的适配和接入等技术为关键技术。第二层是基础支撑层，主要提供大数据服务平台所需要的虚拟或物理服务器、结构化、半结构化及非结构化数据的数据库工具及物联网络资源等基础支撑环境。

- **大数据存储及管理技术**

大数据存储指的是用存储器把多渠道采集来的海量数据存储起来，并进行管理和调用。大数据管理技术的重点是如何解决复杂结构化、半结构化和非结构化大数据管理与处理的技术。对于大数据而言，高可存储性、高可视化、高处理性、高可靠性及有效传输等几个关键问题是大数据管理技术的关键性能指标。大数据存储及管理技术包括开发可靠的分布式文件系统，能效优化的存储，能融入计算的存储，大数据信息的去冗余及高效低成本的大数据存储技术，分布式非关系型大数据管理与处理技术，处理异构数据的数据融合技术，大数据组织技术，大数据建模技术，大数据索引技术，大数据移动、备份、复制等技术，开发大数据可视化技术等。

- **大数据预处理技术**

大数据预处理，就是对大数据进行预先处理，主要完成对已接收数据的分析提取、清洗等操作。

① 提取：因为从各个渠道获取的数据必定具有多种结构和类型，数据提取过程可以帮助我们将这些复杂的数据转化为单一的或者便于处理的结构，以达到快速分析处理的目的。

② 清洗：面对海量大数据资源，并不是所有数据都有利用价值，有些数据并不是我们所关心的内容，有些数据甚至是完全错误的干扰项，因此要对数据进行过滤"去噪"从而提取出有效数据。

- **大数据分析及挖掘技术**

大数据分析技术指的是改进现有数据挖掘和人工智能学习的技术；开发数据网络挖掘、特异群组挖掘、图挖掘等新型数据挖掘的技术；基于对象的数据连接、数据的相似性连接等大数据融合的技术；对于用户兴趣分析、网络行为分析、情感语义分析等面向领域的大数据挖掘的技术。

大数据挖掘技术就是从大量的、无规则的、定义不清晰的、不同业务的实际应用数据中，提取隐含在里面的、不确定是否有实际意义，但实际上又是潜在的有用信息和知识的技术。数据挖掘涉及的技术有多种分类法，根据挖掘任务的不同可分为分类或预测模型发现、数据总结、聚类、关联规则发现、序列模式发现、依赖关系或依赖模型发现、异常和趋势发现等；根据挖掘对象的不同可分为关系数据库、面向对象数据库、时态数据库、文本数据源、空间数据库、多媒体数据库、异质数据库、遗产数据库等；根据挖掘方法不同可分为：机器自动学习方法、数据统计方法、神经网络方法和数据库方法等。机器自动学习方法可细分为：归纳学习方法（决策树、规则归纳等）、基于范例学习方法、遗传算法等。数据统计方法可细分为：回归分析（多元回归、自回归等）、判别分析（贝叶斯判别、费歇尔判别、非参数判别等）、聚类分析（系统聚类、动态聚类等）、探索性分析（主元分析法、相关分析法等）等。神经网络方法可细分为：前向神经网络、自组织神经网络（自组织特征映射、竞争学习等）等。数据库方法主要是多维数据分析方法，也是最常用的方法。

大数据挖掘任务和挖掘方法，需要着重突破以下五项内容：

(1) 数据可视化分析

数据可视化是把数据直观地显示出来，不管使用者是谁，数据可视化分析都是最基本的功能。数据图像化可以让数据自己说话，让用户直观地感受结果。

(2) 数据挖掘算法

数据可视化、数据图像化是将机器语言翻译给用户也就是使用的人看，而数据挖掘就是机器的母语。分割算法、集群算法、孤立点分析算法还有其他各种算法为我们精炼数据、挖掘价值提供技术支持。这些算法一定要在才能够应对大数据量的同时还具有很高的处理速度。

(3) 预测性分析

预测性分析是市场或者企业重要的应用环节，可视化的数据可以让分析师根据图像化分析和数据挖掘的结果做出一些利于公司发展或者产品法阵的前瞻性判断。

(4) 语义引擎分析

语义引擎分析是语言处理技术的一种，它涉及人工智能技术，有自我学习能力的人工智能引擎，可以从数据中主动地提取信息并进行分析。语言处理技术包括机器翻译、情感分析、舆情分析、智能输入、问答系统等。

(5) 数据质量和数据管理

数据质量与管理是呼叫中心管理的最佳实践，透过标准化流程对数据进行处理以确保获得预设质量的分析结果。

- **大数据展现与应用技术**

大数据技术能够将隐藏于海量数据中的信息和知识挖掘出来，为人类的社会经济活动提供依据，从而提高各个领域的运行效率，提高整个社会经济的集约化程度。在我国，大数据已重点应用于以下三大领域：商业智能、政府决策和公共服务。如电信数据信息处理与挖掘技术，电网数据信息处理与挖掘技术，气象信息分析技术，环境监测技术，警务云应用系统（道路监控、视频监控、网络监控、智能交通、反电信诈骗、指挥调度等公安信息系统），大规模基因序列分析比对技术，网页信息挖掘技术，多媒体数据并行化处理技术，影视制作渲染技术和其他各种行业的云计算和海量数据处理应用技术等。

4.2 金融科技大数据应用

用户画像

用户画像即用户的抽象化表达，它是一种建立在获取的真实数据之上的目标用户模型。企业通过对用户的调研和行为分析去了解用户，并根据他们的属性、行为和动作的差异将他们区分为不同的类型，然后抽取每种类型的典型特征来定义类型的名字、照片、人口统计学要素、场景等，这就形成了一个人物原型。

当今社会，金融消费者尤其是金融科技消费者的占比逐渐年轻化，90后、00后日益成为金融企业的消费主力。在竞争激烈的市场环境中，金融行业面对的最大挑战就是消费者的消费行为和消费需求的转变，这就要求金融企业必须采用新的方式寻找产品目标客户并为客户进行定制化产品需求。

- **用户画像对企业的意义**

不管是传统金融消费者还是金融科技消费者行为的改变，都需要企业深度接触客户。但手机应用成为金融企业年轻消费者的客户入口、服务入口、消费入口和数据入口后，金融企业越来越难面对面接触到年轻的消费者，也更难了解他们对金融产品和消费的需求。由于消费者需求不同、消费能力不同，所以市场上的任何产品或任何一种金融服务都不可能完全满足所有用户的需求，这就需要细化金融产品，为不同客户提供不同产品，这时用户画像应运而生，它成为金融企业了解客户、找到客户并触达客户的一种有效手段。

用户画像是企业在了解客户需求和消费能力的基础上，根据业务发展分析客户信用额度、企业市场前景、寻找产品的潜在目标客户，并向客户推广产品的依据。

● 用户画像方法分析

金融企业需要结合业务需求和客户实际购买、成交、浏览等记录信息进行用户画像。从实用角度出发，用户画像信息包含人员属性、信誉属性、消费特征、兴趣爱好和社交属性等信息，它们基本覆盖了业务需求所需要的强相关信息，结合外部场景后，这些数据将会产生巨大的商业价值。

(1) 人员属性

主要用于描述一个人基本特征的信息，如姓名、性别、年龄、省份城市、手机号码、邮箱、社交账号、家庭住址等，其主要作用是帮助金融企业了解客户基本信息和如何接触用户。

(2) 信誉属性

描述用户收入情况、支付消费能力的信息，如职业特征、收入情况、资产占比、负债情况、学历信息、银行信用等级等，其主要作用是帮助金融企业了解客户资产情况和信用情况，定位和区别目标客户。

(3) 消费特征

主要针对客户消费习惯和消费偏好进行记录分析并将客户直接归类为某些消费特征人群，其主要作用是帮助金融企业挖掘高频和高价值客户并依据客户消费特点推荐相关金融产品和服务。

(4) 兴趣爱好

兴趣爱好信息主要来源于客户日常活动、购买信息和关注信息，这些信息可以帮助企业了解客户兴趣和消费倾向，方便企业对客户进行定向营销推广。尤其是对于年轻人来讲，主要消费都是和兴趣爱好相关的，所以掌握了客户的喜好，自然就可以切入客户消费点。

(5) 社交信息

社交信息主要来源于社交媒体的评论信息和发布的信息，这些信息都是代表客户实时状态的信息，如对餐厅的评价可以看出客户的喜好，对旅游产品的询问可以看出客户的出游意愿，从而方便企业向用户推送其关注的信息以达到最终购买的目的。

- **金融科技企业用户画像步骤**

根据金融科技企业的数据需求和业务需求，可以将用户画像工作从数据集中到数据处理、强相关数据到定性分类数据、引入外部数据到依据业务场景筛选目标用户几个方面进行细化，如图4-1所示。

金融科技企业内部的信息分布在不同的业务系统中，人员属性信息主要集中在客户关系管理系统中，信用信息主要集中在交易系统、银行征信系统、产品系统和客户关系管理系统中，消费特征主要集中在渠道和产品系统中。

金融科技企业内部信息非常多，包含了用户、交易、浏览等信息，这些信息在用户画像阶段不需要全部提取使用，只需要提取跟业务相关的数据信息来定义目标客户即可，这样可以提高产品转化率，也有利于找到业务的应用场景并实现数据变现。企业获取了所需要的信息后，根据实际产品定义和用户需求整合，对信息进行分类处理，区分不同等级客户，并逐级对用户等信息进行标签化处理。

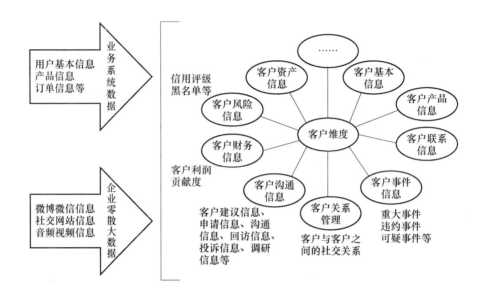

图 4-1　用户画像步骤

- **互联网大数据对于用户画像的商业价值**

互联网大数据在社会发展中起着越来越重要的作用，并且已经在电商、零售、金融、市场分析等行业中取得了一些效果。互联网大数据在预防互联网恶意欺诈和高风险客户识别方面已经有了成熟的应用场景，而用户画像是互联网大数据商业应用的重要领域，结合金融企业的业务场景的用户画像可以帮助金融企业创造商业价值，从而实现互联网大数据的直接变现。

精准营销

通过大数据的挖掘和数据结果的分析，最终我们知晓了用户信息并划分了客户等级，接下来就是精准定位终端客户，做到精准营销。精准营销的目的就是依托现代信息科技手段建立个性化的用户沟通服务体系，帮助企业实现低成本扩张之路，使公司的营销策略变得更加精准、更加高效和低成本，最终达到营销的高投资回报目的。

- **精准营销的意义**

① 具备准确的营销目的。营销的最高级别就是：不刻意的营销手段却可以达到最准确的营销效果。

② 以可衡量的体系和方法进行。

③ 依托最终的期望结果低成本高效率地进行营销。

精准营销是当今社会所有企业营销的关键，如何做到"精准"是一个系统化流程，其中最主要的就是充分挖掘企业产品所具有的诉求点，实现真正意义上的精准营销。

精准营销也是时下非常流行的一个营销方式，即充分利用各种新式社会化媒体[①]，将营销信息推送到比较准确的受众群体中，既节省了营销成本，又达到了最大化的营销效果。

- **金融科技精准营销**

时下，"互联网＋"的概念正在各个行业蓬勃发展，金融科技行业作为市

---

① 新式社会化媒体：指的是除报纸、杂志、广播、电视之外的其他媒体。

场中"最大蛋糕"被各大公司窥视，各互联网大型企业和传统金融服务公司都相继推出各种金融服务和金融产品，不管是网贷、理财还是产品分期等都慢慢地融入所有客户习惯和公司策略中。

市场中大部分金融科技公司凭借着高额的收益率、低廉的手续费来吸引互联网用户选择自己的同时，一场激烈的金融科技之战已经开始。在同行业全面的竞争和巨大的市场压力面前，大部分金融科技企业都已经意识到自身产品的营销策略会很大程度地影响企业的生存与发展。在瞬息万变的市场环境中，如何将金融产品和服务更加准确地推送给目标人群，如何给客户一个定制化的服务来抢占用户资源，如何把握金融科技的巨大机遇来拓展自己的位置，是每一个互联网企业都在思考的问题。

金融科技企业需要根据用户年龄的差异、教育背景的差异、消费能力的差异以及兴趣爱好的差异来推出覆盖各个用户群体的金融产品，所以常规营销方式是不能对所有潜在目标用户群体产生决策影响的。

金融科技市场是多变的。流感季节，大部分人可能更关注健康方面的产品，如保险或体检项目；春暖花开的季节，人们可能更关注旅游、运动方面的产品，所以金融科技产品需要具有时效性，并针对市场大环境快速更新迭代、推陈出新，只有跟上时代的脚步才不会落后于市场。

金融科技产品的特殊性和行业特殊性决定了金融行业在营销上需要对目标人群进行实时的数据抓取和行为分析，根据结果快速响应，并制定出相应的产品策略，在时间和空间两个维度进行企业的营销推广策略。

- **营销效果体现**

哪些用户是企业产品的潜在用户，哪些金融产品的关注度比较高，如何让用户对自己的产品产生兴趣，企业只有了解并解决了这些实际问题才能真正满足营销诉求，企业营销诉求主要包括品牌营销和效果营销，这两种营销方式侧重点不同，但又息息相关。企业希望把每一份投入都花在最有效果的渠道上，以最高的性价比准确找到目标用户，增加用户的注册量、提高平台的流量及品牌价值。精准营销的最终效果和执行能力也是金融科技企业发展的关键所在。

金融科技产品的特殊性和多样性加大了营销难度，每一个产品都不是独立存在的，而是可以通过排列和组合形成各种各样的衍生产品，如何针对相同的产品寻找出不同的营销差异化策略呢？这就需要在进行营销之前考虑多层次用户的共有营销思路，最终借助媒体覆盖多样的目标人群进行营销。

智能化交互

近几年，随着 AI 技术的广泛应用，智能化的软件应用和硬件设备在呼叫中心领域起着至关重要的作用，不管是线上还是线下服务渠道，各种智能服务层出不穷，如智能无人超市、人工智能客服，智能交互已经进入了快速发展期。智能交互的发展在为企业带来高效、低成本红利的同时，也给用户提供了各种各样的便利。在智能化的今天，传统的人工客服面临着极大的挑战，人工客服和智能客服如何分工、如何用最高效的方式服务用户变成了所有企业重点关注的问题。

● 传统胜任力模型

胜任力是指将某一工作中的卓越成就者与普通成就者区分开来的个人能力指标，类似于等级分工的概念。工作能力是指在行业领域的知识体系结构和行为技能等任何可以被可靠测量或计数的并且能显著区分优秀与一般绩效的个体特征。在等级划分的过程中，胜任力模型被应用于许多行业的人员评估和辅导中，传统胜任力模型主要包含职业、行为和战略综合三个维度。职业维度包含了对工作的认知、日常任务处理的技能；行为维度是指处理非具体的、任意的任务的技能；战略综合维度是指具有高级别管理的技能。

呼叫中心行业需要直接与客户接触并根据实际情况解决客户问题，因此熟练的业务知识能力、专业的产品知识能力和良好的沟通能力显得尤为重要。基于这个原因，传统的呼叫中心培训主要以业务知识为主，通过强化记忆和考试练习等方式不断增强客服人员的业务熟悉程度，力求快速准确地解决客户问题。

● **呼叫中心胜任力转型**

智能软件和智能硬件地飞快速发展带动了智能交互技术水平的提高，基于底层庞大数据支撑的智能客服实现了对产品、服务等知识库内容的实时更新和自我学习，因此受到越来越多的企业的关注。智能客服业务知识的全面和快速无时差的响应得到了客户的一致赞赏，并在呼叫中心简单的业务处理、订单处理等问题上逐渐取代了人工客服，人工客服只需要处理客户深度问询和客户关怀等方面的问题。目前市场上的各呼叫中心基本都采用了智能客服和人工客服相结合的服务方式，智能客服依托强大的知识库数据网络集中解决普通客户的常规需求，而人工客服则聚焦复杂疑难问题和解决客户投诉，如图4-2所示。

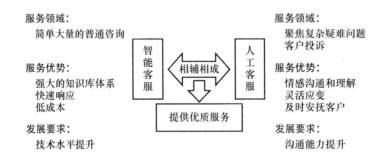

图 4-2 呼叫中心胜任力转型

综上所述，传统胜任力模型中过于强调人员业务知识的考核方法已不再适用于当前呼叫中心的发展，人工客服的职业素质要求从对业务知识的考核上转型到对沟通能力的要求上。在智能客服高速发展的新形势下，呼叫中心客服人员可以借助智能客服的辅助服务,减少对业务知识的依赖,将精力聚焦至沟通能力、安抚技巧和理解能力上,通过与客户建立良好的沟通关系,化解客户的不满和投诉。

智能化运营

智能化运营模式以大数据为基础,通过数据分析和数据挖掘技术来满足客户定制化的产品需求,可以在数据流转的每一个环节都进行定位跟踪,发现用户的真实需求并推送用户真实需要的产品和服务。对于金融科技企业来说,这种运营模式整合了大数据、定向搜索等技术,通过与金融顾问和贷款审核等服务结合就实现了金融搜索方式以及金融业务流程的更新。

金融科技公司盈利的方式,主要包括:金融科技企业应用的手续费、推荐费用、推广费和咨询费用等,但不管是哪种方式获取利益,其中最重要的就是提高流量的转化率,目前各个公司吸取流量的方式决定了流量已经很难再增长,所以在流量基本固定的情况下,金融科技企业的转化率越高,收益也就越高,这就要求金融科技企业在完善其产品和服务的同时更要注重客户的产品体验和产品服务设计。好产品是保持用户黏性、提高转化率、增加购买机会的最好工具,也是使金融科技企业获得稳定且可持续收入的重要环节。

舆情预测

舆情预测是企业长治久安的重要因素,对于公司的产品、价值和服务有着深远的意义。企业的呼叫中心掌握着所有客户与产品的数据信息,企业需要对这些数据进行分析预测来制定企业目标及发展策略。除了呼叫中心的数据外,企业对外的网站、微信公众号、微博等也是获取用户数据资源的重要渠道,这些渠道直观地展现了客户的意愿与想法,针对这些交互内容,企业与用户之间可以进行多渠道、多层次的沟通并关注舆情的变化。

预测是大数据技术的一个重要应用。无论是在市场环境还是社会环境中，我们都可以针对同一主题的海量数据进行分析，经过特有业务流程的数据挖掘和建模后，可以得到相应的预测模型，从而预测将来的发展趋势。如奥巴马竞选团队就在2012年竞选的多个环节运用了大数据技术，特别是在实时监测选民意向、预测投票情况方面，竞选团队每晚都会使用特制的模拟大选的模型根据实时监测的选民意向模拟大选，并在第二天上午根据模拟结果为各州重新分配竞选资源。这种对舆情的实时监控和预测对奥巴马2012年总统连任起到了重要作用。

我们日常需要分析的数据按照来源不同，大致可以分为以下几类：以自媒体内容为代表的用户原创数据，如发表的文章和评论数据；各种经营活动中产生的运营数据，如销售记录、在线服务内容数据、医疗记录等；感知数据，如各种可穿戴设备获取的数据。其中，用户原创数据对舆情监测的重要性已经非常明显。与用户原创数据相比，感知数据和运营数据似乎与"舆情"没有直接联系。但是，舆情从来不是孤立存在的，任何事物都是有关联的，舆情的发酵、转向源于现实社会的事件和环境，舆情的发展又会影响现实活动。感知数据、运营数据跟人们日常生活具有同构性，甚至直接记录着人们的举动和身体变化。如可穿戴设备可以检测使用者的心跳、体温、血液含氧量等数据，并通过模型分析使用者的情绪变化；对位置移动、购买行为的相关数据的监测以及基于这些数据对个人行动的预测，更是已经投入到实际营销活动中了。

根据这些感知数据和运营数据可以获知人们日常生活、态度和情绪的变化，根据企业产品和业务流程走向，就可以结合其他数据源进行舆情预测。数据源从用户原创内容扩展到感知数据、运营数据，必然会带来舆情预测整体质量的提高。从这个意义上来说，大数据给舆情研究带来的不仅是准确、即时、动态的舆情监测，还带来了无限可能。

智慧服务

大数据平台不仅能够帮助呼叫中心从传统的被动服务转为主动智能化的服务，而且能够结合用户特点、潜在需求和时下最新时讯，最贴切地满足用户的需要。现在的客户对企业服务是十分挑剔的，他们希望得到符合自身要求的、更贴近自我的定制化服务，很多企业通过主动服务的方式既提高了客户满意度，又优化了企业内部运营以及成本收益，而且给企业产品的潜在推广带来了机会，这种技术方案已经得到了多个成功案例的验证并引起了市场的关注。

对于大多数以服务为导向的呼叫中心来说，有许多客户呼叫的真实原因要么被转向其他渠道，要么被完全忽略，而减少呼入需求、降低人工成本的有效方法就是实施积极的接触战略。主动联系客户解决用户问题的方式可以使企业有效控制员工工作量并掌握服务主动权，如企业能够决定在什么时间联系客户可以最高效地解决用户问题。呼叫中心利用 ACD、IVR 或特定任务服务器的外呼通信功能使这样的联络实现完全自动化，从而改善客户体验并为客户和公司节约成本。企业根据自身业务场景制定主动联系客户的方案与原则的时候，首先需要了解客户的诉求，进行数据汇总和分析，再根据问题的优先级别和重要程度进行与用户外呼联系的反馈操作。

总体而言，真正创新高效的服务理念就是积极主动地与客户沟通，最终达到的目的是在客户联系企业之前，就有能力主动告知客户相关事件或问题，从而比客户先行一步，做到主动服务，提前解决。

章节习题

1. 什么是大数据？

答：指无法在短时间和一定范围内用常规软件工具（包括数据库软件在内）进行数据捕捉、数据管理和数据分析处理的数据集合，大数据需要用新的方式来增强数据分析的能力、数据挖掘的能力和流程预期的能力，以实现当前对数据需求的海量、高增长性和多样化的需求。

2. 什么是用户画像？

答：即用户的抽象化表达，它是一种建立在获取的真实数据之上的目标用户模型。企业通过对用户的调研和行为分析去了解用户，并根据他们的属性、行为和动作的差异将他们区分为不同的类型，然后抽取每种类型的典型特征来定义类型的名字、照片、人口统计学要素、场景等，这就形成了一个人物原型。

3. 精准营销的目的是什么？

答：就是依托现代信息技术手段建立个性化的顾客沟通服务体系，帮助企业实现低成本扩张之路，使公司的营销策略变得更加精准、更加高效和低成本，最终达到营销的高投资回报目的。

第 5 章
金融科技呼叫中心运营管理

5.1 呼叫中心互联网营销的实践与研究进展

世界上第一个具有一定规模的、可提供 7×24 小时服务的呼叫中心是由泛美航空公司在 1956 年建成并投入使用的，其主要功能是可以让客户通过呼叫中心预订机票。由此可见，世界上第一个具有一定规模的呼叫中心并非是单纯用于服务的，而是用于创造利润的。在呼叫中心产业中，按照不同的使用性质进行分类，呼叫中心可分成自用型呼叫中心、外包型呼叫中心和应用服务提供商型呼叫中心三类。其中，外包型呼叫中心是指租用其他方的呼叫中心设备、客服、人员和运营管理，完成客户服务、市场营销等诸多活动的类型。目前，世界 500 强企业中有 90％的企业选用此种类型的呼叫中心。而应用服务提供商型呼叫中心则是指租用其他方的设备和技术，客服是自己公司人员，也被称作托管型呼叫中心。为了支持中国服务外包的进一步发展，商务部启动了"千百十工程"，商务部、信息产业部和科技部先后联合公布了两批共 11 个城市为服务外包示范基地城市。目前，深圳、上海、西安、成都、北京、杭州、天津、南京、武汉、济南、苏州、贵阳、南昌等城市的呼叫中心外包服务已经成为 BPO① 中非常重要的一环，全国外包服务基地加上各省级别的呼叫中心服务基地已经多达 100 个。这些政府主导的外包服务基地给呼叫中心技术发展带来了新的生命力。

呼叫中心这个概念是 20 世纪 90 年代引入我国的。从产业结构上看，中国呼叫中心市场可谓是百花齐放、蓬勃发展，这不仅体现在整体市场规模保持着 30% 以上的增长速度，也体现在相当数量的国内、国际呼叫中心外包商的涌现。呼叫中心作为一种全新的企业架构应用，已从通信行业扩展到银行、航空、铁路、邮政、家电、电子商务、金融科技、物流、保险、政府、制造等几乎所有的行业。同时，呼叫中心整个产业结构也随着不同行业中职能链上位置的前移发生巨大的变化。《2016 中国呼叫中心产业发展研究报告》显示，经过近十几年的发展，呼叫中心几乎已经遍布全国各行各业。截至 2015 年年底，中国大陆呼叫中心客服总数达到 875 000 个以上，累计市场规模为 1 000 亿元。国内很多行业的呼叫中心都已开展了呼叫中心的互联网在线营销，如服务业、金融业、电信业、汽车制造业等。

在中国，呼叫中心对企业业务起到巨大推动作用的实例很多，人们也逐渐认识到呼叫中心的价值，各金融科技企业都争先恐后地在服务中寻找销售机会，在呼叫中心中寻找利润。

从产业价值链角度来看，呼叫中心产业比较成熟的代表国家是美国。据美国某市场调研公司的调研结果资料，1998 年全球呼叫中心在线营销的销售额高达 7 000 亿美元。专家预计，今后每年全球呼叫中心在线营销销售额将以 20% 的速度增长。再看一看国内呼叫中心在线营销成功案例：某汽车公司呼

---

① BPO：Business Process Outsourcing 即商务流程外包，指将本方商务流程中的部分或全部的非核心流程交由另方操作。通过将客户的部分或全部管理及运营流程转移到服务商，将公司有限的资源从非核心业务中解放出来，集中到核心业务上，从而提高服务流程自动化的能力。

叫中心成立于1999年初，经过9年的呼叫中心服务，他们的主动营销和主动服务意识深深感动着每一位客户。他们将呼入业务与电话营销相结合，力求对每一位关注产品的客户做到倾听客户需求、了解客户需求、主动推荐产品、完善客户档案。运用客户半小时跟踪服务方法，通过与经销商合作，为每一位潜在客户安排试乘试驾活动，让客户通过与产品的接触进一步了解产品，做到主动营销，并且利用短信平台为客户送去关爱、节日祝福及服务营销活动等信息，为公司赢得了更多的客户资源。该公司还建立了完整统一的客户信息平台，不断优化现行的营销模式，呼叫中心以"关爱质量就是关爱客户、关爱自己"为服务理念对客户进行全面管理，提高客户对产品的忠诚度。他们对客户信息进行分析、处理，为营销决策、市场分析提供支持，建造精准的客户营销方法体系。

从企业价值链角度来看，通信运营商一般采用外包型呼叫中心进行在线营销。某电信公司在营销方式和服务水平上下功夫，与专业呼叫中心合作，积极开展主动营销，推荐客户采用新的服务项目和优惠政策，努力从效益成本中心向利润中心转变，取得了较好的成绩。事实证明，利用呼叫中心进行电信业务主动推广成为电信运营商推广新业务的一个好方法。

通信运营商在呼叫中心自营方面有着得天独厚的条件和资源，运营商有垄断的产品、一线的优秀销售人员、现成的呼叫中心平台等，只要合理地把它们整合在一起，就能很好地发挥运营商的资源优势。最先可以操作的就是基于运营商的主业形成的电信产品套餐，利用呼叫中心进行主动销售，既扩大了自有产品的市场占有率，又发挥了呼叫中心的集中销售优势。

某研究机构在2007年3月发布的报告中指出，有60%的受访公司表示他们的呼叫中心除了接听客户电话等常规活动外，同时还肩负起了产品销售、服务支持等任务。而在该机构2008年2月发布的报告中，则有34%的公司表示已经开始使用主动客户服务，有36%的公司也正在计划实施主动客户服务。为了实现同类最佳的绩效目标，各公司在降低成本的同时设法从纵向与横向销售中盈利,并把呼叫中心作为企业在市场、服务和客户关系管理活动中的"一把利器"来使用。大家意识到:呼叫中心已经开始在中国大量运用,已经从"人无我有"的时代进入"人有我有"的时代,所以大家必须考虑如何"人有我优,人有我特"的问题了,而这个"特"就是互联网在线营销。

5.2　呼叫中心规划与发展的复杂性

　　当呼叫中心的重要性日益提升,它与信息科技的关系愈来愈密切时,这就代表着呼叫中心的规划与发展相对更加困难。对客户而言,呼叫中心要提供能满足客户需求的服务;对企业而言,呼叫中心必须配合企业的策略进行营销与销售工作,并及时反馈市场需求给企业的策略发展部门。呼叫中心规划与发展的最大挑战就在于如何利用呼叫中心所拥有的信息科技、人力资源及工作流程来有效执行企业目标。在实际的规划与发展上,由于呼叫中心通常是企业体系中非常重要的环节,所以呼叫中心规划与发展存在着许多必须考虑的项目,包括:呼叫中心的策略与定位,必需的功能与应用,呼叫中心的作业排程、授权、监督、控管,呼叫中心的作业流程与运作模式,客服人员的甄选、训练、绩效考核、奖励,呼叫中心的基础建设,有效应用信息科技等问题。除此之外,各产业特性、企业发展焦点的不同使得呼叫中心的规划与发展产生各种差异,那些将呼叫中心视为竞争优势来源的企业更会结合企业内部各相关单位、外部顾问,各类型的网络通信、信息系统厂商,系统地进行呼叫中心的规划与发展。

5.3　呼叫中心的规划

　　为了让呼叫中心发挥预期的效益,事前的周密规划与正确的发展步骤将有助于企业找到呼叫中心的定位及运作上所需要的信息基础建设、人力资源、流程、功能等。呼叫中心规划与发展是一个复杂庞大的系统工程。

- **一方面，呼叫中心的建立不可避免地会对企业内各部门造成一定的冲击，所以规划时必须就业务面与组织面分别加以考虑**

（1）业务面

在业务方面，企业首先要根据自己的竞争优势找出资源分配最有效的方式，然后根据各项业务的优先级来制定整体发展策略并加以实施。同时，企业应评估客户对服务水平的需求来界定提供服务的程度。最后，企业应积极引导客户使用新的客户服务方式。

（2）组织面

呼叫中心的建立代表了企业新服务与新流程的发展，为了让新服务与新流程顺利运作，就必须要考虑与组织其他要素或资源间的整合。此外，呼叫中心的运作也应考虑与企业其他部门的合作与互动，只有这样，才能最大限度发挥呼叫中心的作用。

- **另一方面，呼叫中心的规划与发展要从功能规划的角度、实际建立的角度和企业运作模式三个方面加以统筹规划**

（1）从功能规划的角度

呼叫中心规划必须考虑硬件部分、软件部分、人力资源部分三个方面。

① 硬件部分：包括厂房、电信网络设备、计算机网络设备、终端设备等。

② 软件部分：包括前台系统部分、服务人员桌面系统部分、后台系统部分。

③ 人力资源部分：包括客户服务作业管理团队、客户服务作业团队、技术人员团队等。

(2) 从实际建立的角度，呼叫中心的规划有以下七点需要注意

① 在建立呼叫中心之前，须先明确呼叫中心的使命，确定其在组织中所担任的角色，以及如何与组织内各部门协调运作。

② 界定呼叫中心的服务范围、营收来源、费用额度与贡献的价值。在营运上需要与组织整体相结合，在贡献上也需要考虑客户与企业整体利益。

③ 指派企业内对呼叫中心有前瞻眼光的高层人员，主导呼叫中心的经营运作，充分发挥呼叫中心功能。

④ 支持并鼓励经常往来的客户习惯使用呼叫中心所提供的沟通渠道。

⑤ 寻找并训练优良客服人员。呼叫中心的服务人员是企业与客户交往的第一线，只有热忱及熟练掌握专业知识的客服人员才能留住客户。

⑥ 呼叫中心与相关的业务部门应经常沟通，协调解决双方面临的共同问题，使呼叫中心与相关的业务部门结合为一体。

⑦ 善用已发展成熟的设备与信息系统，提升呼叫中心的服务与效率，加速呼叫中心的自动化作业。

(3) 以企业运作模式而言，呼叫中心必须以策略规划为出发点，定义出策略、科技、人员和作业程序四个规划考虑的重点项目

① 在策略上，呼叫中心的定位包括：

a. 服务定位：提升或改善服务水平、增加服务渠道。

b. 成本定位：降低服务成本、实体营运成本（如人员、设备、分公司）。

c. 销售与营销定位：增加销售或营销渠道、进行特定客户营销与销

售、客户关系的维持与建立、新客源的开发。

② 在科技上，是指结合策略、人员、作业程序等层面共同定义呼叫中心的基础建设与设备。

③ 在人员上，主要分为运营和管理人员、专家人员两部分。

  a. 运营与管理人员是维持呼叫中心运营的人员，包括管理者、客户关系监督者、客户服务人员、技术人员等。

  b. 专家人员是指为客户提供特殊需求或是具有特殊技能执行企业策略的服务人员。

④ 在作业程序上，包括了新流程与既有流程整合两部分。

  a. 新流程主要是指由呼叫中心建立后所产生的新服务、销售与营销方式而形成的流程。

  b. 既有流程整合则是指与企业其他支持功能进行整合的部分。

• 企业规划呼叫中心过程中有十个主要的程序

主要包括建立呼叫中心的工作团队、设立呼叫中心的愿景、评估可能的改变、发现客户的需求、与竞争者比较、建立新的流程、设计呼叫中心的基础建设、服务人员的训练、技术的应用与推行和监督呼叫中心的运作。这个系统能够有效地将企业的资源整合起来与客户互动并满足客户需求。此外，呼叫中心必须不断地在人员、流程、科技三者上投资，以提供持续发展创新与高质量的服务，其规划流程如图5-1所示。

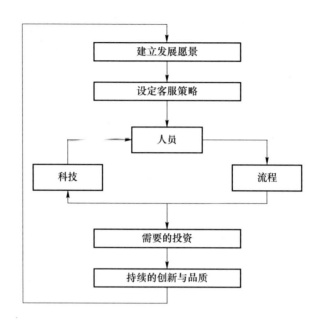

图 5-1　呼叫中心规划流程图

● 在实际应用中，呼叫中心的规划程序可简化为下述六个阶段

(1) 建立项目团队阶段

首先，建立一个工作团队，这个工作团队的成员要广泛纳入企业相关单位的人员，包括项目管理人、客户服务流程相关单位人员、提供呼叫中心解决方案的厂商、企业信息部门人员等。

(2) 设定目标阶段

从企业整体角度出发，依据企业策略设定呼叫中心目标，确定呼叫中心运营的方向与预期达成的目标。

(3) 评估阶段

评估呼叫中心建立后，企业哪些部分需要进行改善与加强。通过对客户的需求与竞争者的比较，找出必须提供的基本功能以及需要创新服务的部分。

(4）规划与设计时间阶段

依据对呼叫中心的目标与评估的结果来设计呼叫中心的管理制度、流程、基础建设、人力资源等项目。

(5）建立阶段

服务人员的训练、信息系统的建立与推行以及呼叫中心流程的确立、再造与整合等工作。

(6）监督阶段

持续监督呼叫中心的发展在运作上有无缺失，有无需要加强或调整的部分，是否达成预期的效益与目标等，监督结果即为再次进行改善的依据。

5.4 呼叫中心规划与发展的架构

从呼叫中心规划与发展的层面可将呼叫中心内涵分成策略面、组织面与信息科技面。企业策略面部分，包括营销策略、销售策略、服务策略三项；呼叫中心策略则包括呼叫中心定位、功能与应用三项。呼叫中心的组织面包括管理制度与结构、作业流程、人力资源三项。呼叫中心的信息科技面包括呼叫中心的信息科技基础建设、信息科技流程、信息科技技能三项，其详细说明如表 5-1 所示，其结构如图 5-2 所示。

从呼叫中心的规划与发展的探讨角度，可将呼叫中心的发展内涵可以分为策略、流程、人员、科技四个要素。其中，所谓的策略要素应该再细分为企业策略与呼叫中心策略两部分，流程要素包括了非资讯科技的作业流程与信息科技的作业流程，科技要素包括呼叫中心基础建设与架构、技能等部分。

表 5-1　呼叫中心规划与发展架构功能

层面		项目	解释描述
策略面	企业策略	营销策略	制定或执行产品的营销策略
		销售策略	制定或执行产品的销售策略
		服务策略	制定或执行客户的服务策略
	呼叫中心策略	呼叫中心定位	目标、发展方向与角色
		功能	供管理人员及客服使用的系统功能
		应用	接入的各类应用程序等
组织面		管理制度与结构	管理呼叫中心的制度与结构
		作业流程	呼叫中心人工作业流程
		人力资源	呼叫中心人力资源管理
信息科技面		信息科技基础建设	呼叫中心基础设施包括软件硬件等
		信息科技流程	信息化工作流程
		信息科技技能	呼叫中心客服人员所具备的专业技能

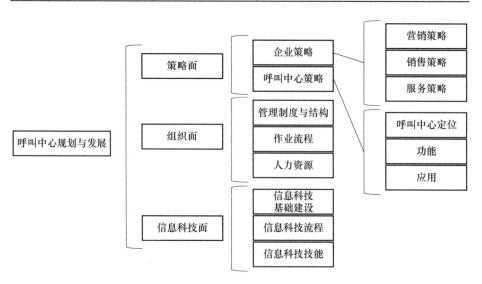

图 5-2　呼叫中心规划与发展架构

此外，在呼叫中心的架构中，策略面、组织面与信息科技面是相互牵制的，任一层面发生改变都会影响其他两个层面。呼叫中心的顺利运营需要策略面、组织面与信息科技面之间保持着相互整合与校准的关系。如图 5-3

所示。

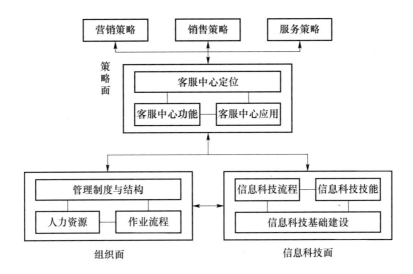

图 5-3 策略面、组织面和信息科技面关系图

5.5 呼叫中心的定位

呼叫中心是企业直接服务与面对客户的第一线，它肩负着企业既有客户的维护与新客源开发的重要使命。因此，深入了解呼叫中心的定位、功能与应用、基础建设、运营模式等将有助于发挥呼叫中心的价值与效益。随着呼叫中心不断发展，其定位也不断发生变化。过去，由于功能与应用的限制使得呼叫中心只能够单纯地提供一些简单的服务项目，由此所产生的电话费、技术支持、人力资源、设备等费用完全成为企业设立呼叫中心必须负担的成本，因而呼叫中心除了服务的定位外，也被视为成本中心。现在，信息科技的协助使得呼叫中心的功能与应用大量增加并扩展出新的定位。就服务定位来看，目前企业将呼叫中心视为提供客户服务主要通道的原因有两个方面：第一，呼叫中心可以直接与客户进行对话，及时反映市场状况与消费者声音，

确保客户对服务的满意度。第二，呼叫中心通过客服人员与客户的互动联系，较易掌握客户需求并立即响应。综上所述，虽然呼叫中心的初期设立的成本较高，但是在其效益发挥之后，往往有助于企业在市场上的竞争，因此成本中心的概念逐渐转移成利润中心，而且目前呼叫中心所能够提供的效益并不仅局限于服务客户，还包括企业整体服务成本的降低、客户满意度与效率的提升、营销与销售渠道的增加等方面。

5.6 呼叫中心的功能与应用

设立呼叫中心的行业包括金融业、电信业、高科技产业与制造业等，不同的行业具有不同的功能与应用，如表 5-2 所示。

表 5-2 呼叫中心涉及行业及应用

产业	应用
金融业 （银行、信用卡机构、证券或 信托基金公司、保险业等）	客户金融、电话营销、账款催收、关系维系等
电信业（电话公司、网络厂商）	客户服务、账务缴款、设备报修、施工派工等
高科技产业与制造业	技术支持热线、客户投诉
医疗业	挂号、查询、咨询服务
运输业	订位、租车、里程酬宾、快递查询等

在信息科技快速发展下，各产业所设立的呼叫中心基本上可以从功能面、应用面与信息传输面三个层面来描述。

- 功能面

以整体功能面来看，呼叫中心主要可分为来电、去电、项目管理等功能。

来电的部分，客户通过呼叫中心所提供的各种渠道来获取服务。去电的部分，客服人员主动通过各种渠道对客户进行服务与营销的工作。项目管理的部分，是企业内部部门对销售业务的重要支持，是维系与特定客户联络的重要方式。

- **应用面**

提供各种与营销、销售、服务、调查等相关的应用，在结合各行业的特性后，根据侧重点的不同可以各自衍生出许多特殊的应用项目，如电话营销、订单输入、账款催收、客户支持服务、产品信息提供、满意度调查等应用。

- **信息传输面**

传统呼叫中心的信息传输往往只能够通过电话或传真的方式进行，随着计算机与网络科技的发展，呼叫中心增加了许多信息传输的方式，包括电子邮件、自动语音系统、网络在线留言、网络电话等，这些不同的传输媒体之间也不断整合，这样就能够实时响应客户的需求，提升服务品质与效率。

5.7 呼叫中心的运营管理

流程管理

呼叫中心的战略定位决定了呼叫中心的运营管理方式，而呼叫中心的运营管理首先是流程管理。流程管理是呼叫中心一项很重要的技能，流程管理强调连续性与可重复性，高效流程的设计、优化、运用和评估改进对服务质量、运营效率、服务成本以及整体绩效提升等方面都起着至关重要的作用。流程是呼叫中心运营的载体，流程管理是呼叫中心运营管理的核心。呼叫中心的运营和管理必须制定相应的流程,确保员工理解相关流程并严格按照流程进行操作。

业务流程变革

现有呼叫中心的客户接触流程更多的是以生产为核心来建立的,呼叫中心内部按照专业化的分工形成不同的技能组来应对不同的客户需求。这样的组织架构提升了人员的专业化能力,降低了呼叫中心的运营成本。但同时也将客户不同层次的需求进行了人为的切割,不但不能满足客户多层次的显性需求,而且无法引导和挖掘客户的隐性需求,难以获得超出客户期望的良好体验。呼叫中心业务流程变革如图 5-4 所示。

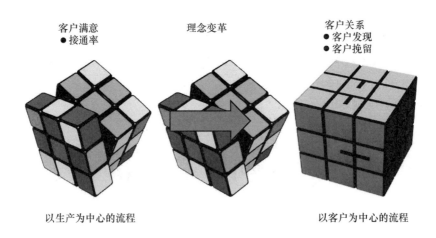

图 5-4 业务流程变革

以客户呼入呼叫中心的流程为例,客户的呼叫接入呼叫中心,呼叫中心系统根据客户的呼入号码显示客户的基本资料,客服人员询问并受理客户的服务要求,从而完成一次客户的呼叫服务。如图 5-5 所示。

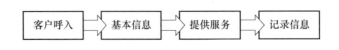

图 5-5 基本呼入流程

在关注呼叫中心接通率的时代,上述流程是非常普遍的,客服代表关注的是尽快受理客户的需求、完成对问题的解答,从而在单位时间内接听更多的客户呼叫。但在关注呼叫中心价值创新的时代,跟客户的接触是企业提升客户忠诚度和创造客户价值的机会,这就需要企业针对目标客户的需求进行分析和洞察,通过对客户信息360°的洞察和跟客户的互动沟通,为客户提供基本服务的同时,根据客户的基本资料、历史消费数据等挖掘客户的隐性需求,从而有选择地开展客户关怀、客户信息收集、客户维系、主动营销活动,实现非凡的客户体验。

下面以一位客户呼入流程为例,说明在一个以客户为中心的客户接触流程中,客服代表可以开展的客户接触活动。如图5-6所示。

图 5-6　主动服务流程

营销功能的流程

以电信行业为例,客户联系呼叫中心,客服代表首先对用户咨询、查询或投诉问题进行解答或处理,寻找客户的潜在需求,有针对性地推荐相关产品。能当时办理的业务立即办理,对于考虑类的用户做好记录进行后期的跟踪;不能当时办理的业务,可以将用户转给所属地的营销中心并由社区经理进行跟踪。如图5-7所示。

投诉处理流程

投诉系统应支持电话、网站、电子邮箱、传真、信函等方式受理客户投诉建议,也可根据需要设接待室(可设在营业厅、远程终端)受理客户投诉建议。客户电话接入时自动转人工受理,客服全忙时,提供给客户两种选择:

自动录音受理、预约回呼。人工受理时，通过服务脚本询问并记录客户投诉建议的各要素，生成投诉单，能够答复的及时为客户解答，不能答复的转班长席、专业台或综合处理台处理。在受理过程中，列出该客户的历史投诉记录，提供全程或局部录音。

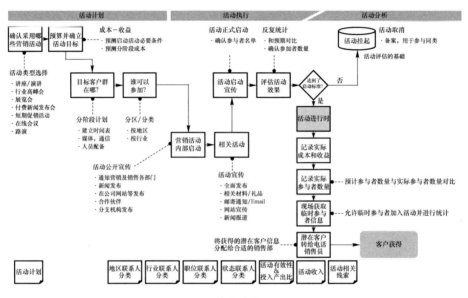

图 5-7 营销功能流程图

综合处理台处理前台客服派送的、系统自动受理的、接待室受理的及通过网站、电子邮箱、传真、信函等方式受理的投诉建议单。其权限比话务员大，不仅能解答问题，而且能解决问题。对于综合处理台不能解决的问题，应根据问题类型附上处理时限，派送到省分公司相关部门或全国中心、所辖地市中心处理，待收到处理结果后，根据客户要求回复客户。在规定时限未收到处理结果时，应将限期未答复的情况反馈到相关部门或全国中心作为服务质量监督依据，或督促相关的市中心尽快处理，并将处理情况主动回复客户。对于未留下或不愿意留下联系方式的用户，系统也支持用户拨打客服热线自主查询。

投诉处理流程如图 5-8、图 5-9 和图 5-10 所示。

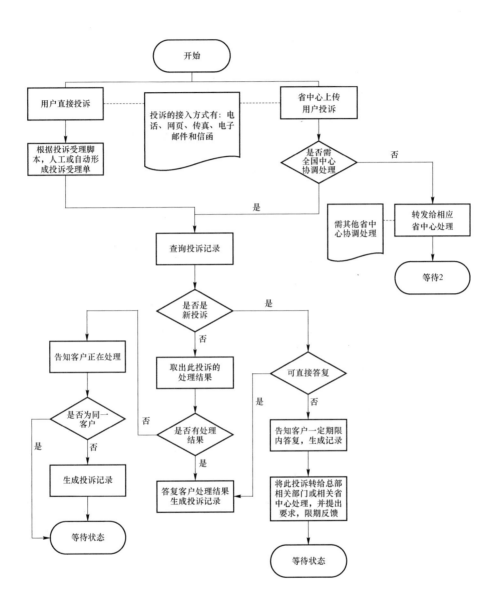

图 5-8 投诉处理主流程

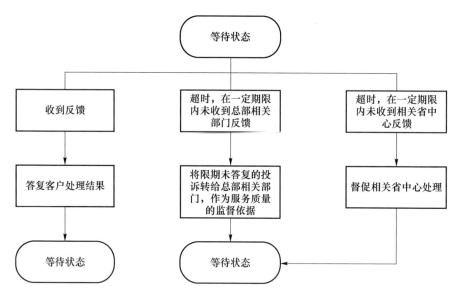

图 5-9 投诉处理流程子流程一（等待状态）

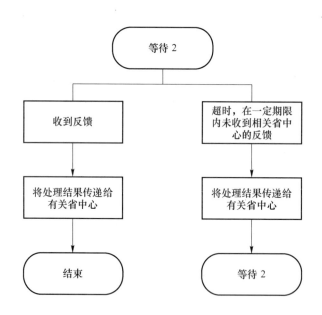

图 5-10 投诉处理流程子流程二（等待 2）

劳动力管理

劳动力管理是营销型呼叫中心重要的管理手段。劳动力管理是一种团队行为,但其中涉及的技能、知识和经验则需要高度的专业化。只有通过科学的劳动力管理才能既保证接通率服务指标的很好完成,又保证主动营销的良好实现。劳动力管理包括:排班管理、遵守制度管理、技能管理。

- **排班管理**

随着主动营销工作的不断发展与深化,排班管理变得越来越重要,排班管理既要保证服务水平优秀,还要保证通过接通率的很好完成来实现在线营销的开展。要实现最佳的人员安排与服务要求的匹配,做到以最小成本换取最高工作效率和最大工作产出的目标,管理人员在每月进行排班工作前,不仅要预测多渠道的联络量和处理时间,考虑公司运营管理指标(如接通率、15秒及时应答率、平均处理时长等)的要求、员工经验和个性特点(如情绪、家庭情况、身体状况、进修需要等),还要向市场部了解次月的营销活动情况(常规的营销活动/新上线的大型营销活动)。如遇常规营销活动,排班师需要参考曾经做过的营销活动记录;如遇新上线的营销活动,则排班师需要提前做话务营销预判,话务预判工作需要和业务管理员共同讨论进行匹配的排班设计,并通过对话务量的实时跟踪和分析,及时调整排班计划。如图5-11所示。

- **遵守制度管理**

事先预测的话务量和服务目标是通过员工遵守排班计划来实现的。许多管理者在呼叫接通率受到影响时,只是简单地归结为人员数量的不足而一味地补充人员,然而即使是补充了人员也同样会出现上述问题。员工遵守制度

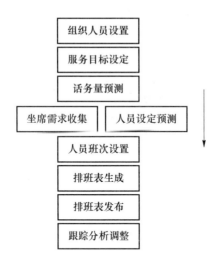

图 5-11 劳动力管理流程

的管理,是将员工在工作中可能出现的各种状态,包括接话状态、整理状态(事后处理)、休息状态、辅导状态、示忙状态、待话状态、离席状态等,纳入现场管理和报表管理中。管理者要事先根据本公司情况,对员工在工作中可能发生的各种状态进行分类,科学准确地将员工的各类工作行为和休息行为进行区分,确保员工在工作中可以获得必要的休息和压力缓解,以最佳的情绪状态投入到工作。呼叫中心系统可以统计一个班组工作状态的实际情况,如员工喝水、吃饭及工作整理、等待、接话的各种状态都可以在报表中清晰地显现出来。

- **技能管理**

为了实现以最低的成本和最佳的人力资源管理来满足客户差异化需求的目标,呼叫中心的管理者在运营管理中需要根据员工的技能经验和成本控制的要求,考虑在什么时间将何种技能的员工安排为何种客户服务并解决何种需求。因此,对员工技能的充分了解和员工技能改善的不断引导,是管理者需要面临的一大挑战。

技能管理是管理者在对员工所具有的不同技能进行分析的过程中，发现员工的工作能力和发展潜力，通过人性化的引导手段将员工可被培养和塑造的工作技能与客户来电需求或客户消费等级挂钩，使员工有机会被安排在适合其发展的工作环境中充分发挥自身技能所长、不断挖掘自身潜力，在工作中实现不断成长的目标。

现场管理

现场管理工作要重点抓住以下三个关键环节。

- 现场调度

通常出现在话务量异常或工作任务临时调整等与排班所预测的话务量情况不相符时，现场值班长或班长需要进行临时调度。通过人力调度，使现场人员数量、工作状态及工作重点与来电状态相匹配。如当话务量上升时，值班长通过分析导致话务量增加的原因并采取应急预案，如果是由未被预见的突发性障碍导致的，可以通过制定临时解释口径统一员工解释标准，以减少平均通话时长，使员工的工作效率和话务量要求相匹配；当话务量出现下降趋势时，现场的接通率和及时率完成非常高，从而出现闲时的情况较多时，值班长可以调度一部分客服进行在线营销，增加平均通话时长，使人员的规模和话务量实现平衡。

- 现场监控

现场监控是质量管理者、班长共同配合完成的工作。现场监控的目的是通过现场巡查、录音回放、实时监听、同步监控等手段，及时了解员工的工作状态和情绪特征，以确保员工以最好的服务状态工作。

- **现场督导**

在实施质量监控的过程中，质检人员发现的问题要及时反馈给班长，班长结合对员工的了解，进行有针对性的干预。另外，在话务量比较繁忙的时间段，质检人员和班长应减少直接面对面的辅导，建议使用点对点发送消息的方式进行提醒，以保证服务水平。但如果遇到员工情绪波动比较剧烈，服务态度不好到随时会引发用户的投诉时，班长应及时进行面对面干预和疏导，快速缓解员工内在的压力和负面情绪，避免影响以后的电话服务质量。

质量管理

众所周知，只有当实际体验与期望相符时企业才能赢得客户的忠诚，客户的服务体验能否达到预期，取决于质量管理的好坏。质量管理的目的就是以最低的成本发现质量问题并采取改进措施，使服务水平满足或接近客户的期望。这里质量管理需要重点把握以下三方面工作。

- **质量标准的制定**

什么样的质量标准决定了员工养成什么样的行为习惯。客户从客服代表的行为中感受到的服务体验与客户期望之间的差距就是通常所说的"客户可感受到的服务质量"。在制定质量标准时需要考虑以下三个因素：客户期望、员工的执行能力、标准与期望的匹配度。良好的服务标准应该是以了解客户的期望水平为基础，以挖掘员工服务潜能为目标，其具有延续性、针对性和适用性的特点。

- **质量监督和考核**

质量监督即质检的目的是为了发现问题并预防问题的再次发生，质量考核的目的是为了鞭策执行者时刻明确质量标准。主动营销工作的开展，需要团队服务水平必须根据客户期望及时转变且持续提高，质检人员的工作职责需要从原有的检查考核调整为检查、分析、评估、指导、培训、沟通六部分内容。如图 5-12 所示。

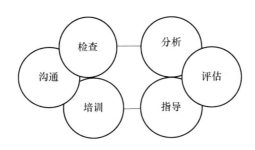

图 5-12　质量管理功能

- **质量反馈**

长时间的跟踪和数据验证表明，在服务的过程中，将工作效果和员工素质的优势与不足及时反馈给客服人员本人，使其能够在获得认可、建立信心的同时，看到自己可以提升的空间。所谓反馈，是将影响服务效果的因素记录下来，从中抽取能够反映员工行为变化的记录，及时通过图形化、录音、点评、建议等方式告知员工，使其清晰地看到自己在服务过程中的进步和改进的方向。通常，质量反馈方面采用的是雷达图（如图 5-13 所示）和折线图的统计表现形式。另外，还有一种方式是让客服人员在质量检查、质量分析、质量评估后写出自己的心得体会，从而促进客服人员服务质量与服务水平的提升。

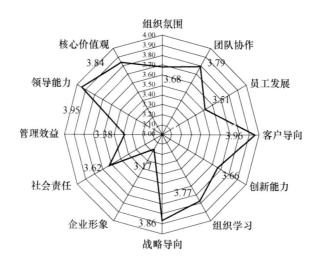

图 5-13　质量管理雷达图

报表管理

报表是通过数字化的方式反映呼叫中心管理水平和人员素质的直接管理形式，是呼叫中心管理中的一个非常重要的环节。管理者通过报表不仅可以了解呼叫中心话务量和业务量的变化情况，也可以掌握员工的工作效率、管理隐患和工作重点，并指导现场管理的工作方向，是呼叫中心实现高效运营的重要依据。

报表管理重点需要关注以下三类报表

（1）话务报表

话务报表在运营中主要分为两类：

① 反映呼叫中心整体话务量变化情况的"话务统计报表"，主要由两类指标构成：

a. 系统接续情况表，是反映呼叫中心服务的整体情况和连续性的统计报告；

　　b. 系统完成情况表，反映服务指标的完成情况，是呼叫中心阶段目标的达成情况报告。

　　② 反映员工工作状况的"话务员接续情况表"，体现每个客服代表的服务完成情况。

　　(2) 主动营销信息录入报表

　　为了区分客户来电属性及客户需求特点，呼叫中心将客户来电进行分类统计，形成业务报表。企业针对来电特征进行分析，制定符合企业发展需要的营销策略、服务流程和应答脚本，并反馈给市场部门或其他渠道进行更深入的市场需求分析或消费行为分析。

　　(3) 管理报表

　　针对呼叫中心各阶段运营管理的需要，反映呼叫中心管理水平和服务水准的报表称为管理报表。管理报表的范畴比较广，将话务报表和业务报表相结合可以反映各类业务的话务水平和服务能力之间的关系；应用 IVR 设备进行有关客户满意度的调查可以客观地反映当前呼叫中心的服务水准。此外，质量管理人员在监听、监控过程中所进行的质量评估与分析称为质量报表；员工每月所进行的服务质量、话务能力、业务考核、行为考核等则统称为绩效考核报表。

人员流动管理

　　对于承担服务和营销双重职责的呼叫中心而言，人是第一生产力，是最宝贵的财富，而具有丰富经验的从业人员更是呼叫中心最为宝贵的人才。呼叫中心客服人员的水平从根本上决定了呼叫中心的服务水准。培养一个优秀的客服人员至少需要半年到一年的时间，投入的人力、物力是一项非常大的成本开销，一旦发生人才流失将给呼叫中心的服务水平和运营管理造成非常大的影响。随着呼叫中心逐步走向成熟，呼叫中心内部管理机制需要不断完善，尤其不能忽视人才流失问题。

人员的流失问题已经成为呼叫中心管理中一个比较普遍的现象，是一个棘手问题，导致员工流失的原因主要有以下方面：

① 直接上级缺乏管理水平，员工对管理者失去信任感。

② 选人不当或工作的盲目性使员工无法获得成就感。

③ 呼叫中心岗位设置的局限性使员工感觉未来没有发展空间。

④ 绩效考核重量轻质的标准，使得重视服务质量的员工必须违背意愿。

⑤ 质量考核重结果轻过程的现象容易挫伤员工积极性。

⑥ 不当的薪酬机制和物质激励方式转移了员工的注意力，使员工对工资的追求永不满足。

⑦ 缺乏正确的人际关系引导，出现"小帮派"，团队不和睦。

⑧ 来自服务、营销等方面与日俱增的压力，跟上级缺乏有效沟通、疏导，管理者缺乏科学的情绪管理意识和压力疏导能力三个方面使得员工压力得不到有效缓解。

⑨ 工作得不到重视或赏识，员工不容易建立起对工作的兴趣和自豪感。

⑩ 多方面的原因使员工无法获得安全感和归属感。

⑪ 员工的工作热情经常被负面情绪所影响。

上述大部分原因都与管理问题相互关联。人员流失，尤其是优秀人才的流失给管理敲响了警钟，管理者应该将员工流失管理问题贯穿在呼叫中心运营管理的各个环节进行考虑，尤其以下几个环节需要重点考虑：

① 招聘阶段，选择与岗位素质匹配的员工，"适合"比"优秀"更重要。

② 招聘是对员工的第一次培训，引导他们确立职业目标并积极面对挫折和挑战。

③ 入职培训不仅包括讲授业务知识，还涉及企业文化、规划职业发展蓝图、培养服务意识、塑造积极心态、管理情绪与压力等课程。

④ 呼叫中心各级间保持良好的沟通，现场值班长关注下属的情绪变化，为下属设计符合其成长速度的绩效目标。

⑤ 使员工养成自我管理的意识，管理人员在与不在一个样。

⑥ 呼叫中心有统一管理理念和管理方法，塑造符合团队需要的管理风格。

⑦ 建立员工畅通的多渠道信息反馈机制，高层管理者及时收集和掌握管理隐患，对管理漏洞及时进行干预和弥补。

⑧ 公司高层领导对呼叫中心的重视和认同，对于为公司做出贡献的员工，公司的最高管理者应当面或以书面信件等方式表示感谢。

⑨ 绩效考核工作的开展要充分体现出对员工成长的指导性，绩效反馈和绩效面谈不可缺少。

⑩ 加强对员工精神层面的激励，激发员工的成就意识，转移员工过分关注物质奖励的注意力，使培训成为对员工未来发展的奖励。

综上所述，人力资源管理在降低员工流失率的同时，也降低了呼叫中心的运营成本。

知识库管理

知识库是呼叫中心的一个重要组成部分，将知识库比作呼叫中心的大脑一点都不过分，如果没有知识库，公司所有的相关专业知识全靠客服人员大脑记忆准确那将是非常难的事情。呼叫中心主要是通过知识库来有效降低服务人员的学习压力，尤其是记忆的压力，在保证服务人员及时掌握业务知识的前提下，大大降低了处理时长。如有这样一家呼叫中心，它的其中一项业务是为一家世界知名的软件公司提供售后的技术支持服务。业务开始之初，每一通电话的平均处理时长为40分钟左右，后来这家呼叫中心建立了专门针对知名软件公司售后技术支持的知识库，将每一个成功解决的电话由专人整理成脚本，存放到知识库中，随着脚本数的不断增加，这家呼叫中心在对脚本内容分类的同时增加了知识库的搜索功能和评分功能。经过3年时间，在管理人员和客服人员的共同努力下，现在每一通电话平均处理时长已经控制在25分钟左右，大大降低了处理时长的同时还做了在线营销，提高了服务水平。

- **知识库的管理工作主要包括四个方面**

① 对知识库内容的管理。

② 对知识库信息采编人员的管理。

③ 相关部门对知识库的沟通和反馈。

④ 教会客服人员使用知识库。

- **知识库管理工作要注意以下四点**

① 对知识库内容的管理非常重要。知识不经过核实入库或者核实的时间太长，一旦过了有效期就会导致知识的"不可用"，知识的入库一定要经过"精细加工"，要以使用者（可能是呼叫中心的客服，也可能是产品部的人员）容易使用为主，要符合使用习惯，切忌长篇大论，最好以图表或者流程的模式表达，让使用者容易理解并在最短时间内抓住要点。知识库中的关键信息

一定不能遗漏,并且要放在最显眼的位置加以提示。知识库一定要定期更新,防止出现前台先于后台,互相不匹配的情况。

② 对知识库采编人员的管理也非常重要,他们是知识库的第一道质量把关者,一定要让他们经常深入现场实际操作去体会知识库的重要性,才能真正做到既保证新知识的入库,又保证旧知识的及时剔除。

③ 各部门沟通协调同样非常重要。经常听到抱怨的声音说其他部门不支持不配合知识库建设,这其实是部门间没有沟通协调到位的结果。呼叫中心是非常重要的枢纽,而我们往往都忽略了这一点,忘记了客户对"产品""市场""技术""财务"的期望,这些部门一直听不到这样的声音,也就渐渐忘记了呼叫中心。如果能够把前端的各种各样的信息分类提交给各个相关部门,相信很多部门会以此为依据不断完善和优化的。因此,支持不到位不是他们的错,而是人的一种非常自然的记忆行为。

④ 最后值得提醒的是,知识库不是花架子,一定要用起来,要建立一整套知识库管理体系,良性循环,才能真的感觉到"通则不痛"。

5.8 金融科技呼叫中心运营管理的基本原则

现在,人们对于呼叫中心管理的认识存在两种极大的反差:不太了解呼叫中心运营管理科学的人想当然地认为:呼叫中心不就是接个电话吗,管理有什么难的;而身处此行业的人士则深知:管理好一个呼叫中心有多么不容易。事实的确是这样,虽然呼叫中心的运营管理并不是一项像发射神舟飞船那样复杂的工作,但是它的管理本身也是一项系统的科学体系。一个呼叫中心管理者的知识组成应当包括人力资源(非人事)管理、财务预算、信息技术、统计分析、心理学、通信技术、市场营销等,能力包括领导能力、沟通能力、服务意识、解决问题的能力及其他管理能力。如果呼叫中心管理人员能很好地掌握和运用以下几点呼叫中心管理的基本原则，呼叫中心管理就会变得有章可循、有"法"可依。

● 为呼叫中心设立适当的服务水平指标

服务水平指标常常被看作是呼叫中心的一项重要绩效指标，是衡量呼叫中心整体服务效率和客户服务体验的一个重要指标。呼叫中心的服务水平指标将直接影响人员招聘、班次安排以及特殊应急方案的制定和启动。在很多时候，报表系统统计的数据会被错误解读而导致错误的行动。不同的呼叫中心系统往往为同一项指标冠以不同的名称，或者为不同的指标冠以相同的名称。因此，呼叫中心相关管理人员要与系统维护人员或者设备厂商详细确认每一项指标的定义和算法，不要自主推断和猜测。

● 考核员工的通话质量和排班遵守率（守时率）

呼叫中心一线员工的控制范围之内的只有两件事情：一个是通话质量，另一个是排班遵守率。除此之外的任何衡量员工生产力的指标（如单位时间接话量、占用率等）都有可能引起员工不恰当的行为，一旦员工出现不恰当行为就会对呼叫中心的整体运营绩效产生负面的影响。为了衡量员工的排班遵守率，呼叫中心要有相应的流程和工具来确保排班表的实时动态更新和统计分析。

● 改进运营流程和体系，涵盖多种联络渠道

大多数传统呼入电话服务的运营流程也适用于其他多媒体沟通联络渠道，它们都以设定和达成服务水平目标或者响应周期目标为核心要素，要注意的是：尽管它们的规划和运营流程类似，但为了充分利用多媒体沟通渠道带来的运营效率和客户体验效果的提升，呼叫中心必须进一步更新和完善这些流程。呼叫中心应该针对每一种沟通联络渠道进行业务流程的梳理，充分利用

该渠道的特色和优势，对业务流程进行优化和提升；还要考虑如何把各种客户联络渠道整合为统一的整体，从而为客户提供无缝衔接的服务。这里要提醒呼叫中心管理人员：不要根据呼叫中心现有的状况来考虑流程的组合，要考虑如何更快、更好地满足客户的需求，从而提高内部运营效率，节约成本和时间。

- **充分理解和重视业务量预测的重要性，准确预测业务量并持续改进业务量预测流程**

业务量预测常常是呼叫中心在寻求持续改善运营效率时被忽视或未得到充分重视的一个因素。准确的业务量预测是呼叫中心高效运营的第一步。通过对业务量的预测来决定人员数量及相应支持资源的多少，实际运营人员需求量及资源的偏差又会反过来检验业务量预测的准确性，这是一个持续验证和改善的过程。

- **不要让启动应急预案成为日常工作的常态**

呼叫中心的应急预案不应该成为呼叫中心日常运营管理的一个固定组成部分。如果呼叫中心每天都花费大量时间来应对"长长的队列"或者"无所事事"的员工，那么很可能是员工的业务量预测环节和排班流程环节出了很大问题，而对相关流程进行梳理和改进，只是偶尔启动应急预案，能够极大地改善呼叫中心的工作状态，消除员工的压抑感和过度的紧迫感，提升整体的运营绩效。

- **让企业关键决策人员了解呼叫中心运营的特性和规律**

呼叫中心管理者所面临的挑战之一就是如何得到相关人员和资源的支持，以满足客户和企业的需求。但是，很多时候人力资源、财务等部门的决策者不能理解呼叫中心的运营规律，往往按照其他部门的人员或预算的计算方法来审核呼叫中心的资源需求，使呼叫中心的资源得不到保障。在适当的时间、适当的地点以适当的方式让核心决策人员理解业务量、服务水平、人员需求、员工占用率之间的关系，那么预算制定的过程就会容易得多。

- **呼叫中心管理层要能够对业务量的变化和相关流程的改变所带来的影响做出迅速、准确的判断和评估**

建立并不断更新完善呼叫中心的运营计划模型可以有效减少呼叫中心管理层所遇到的挫折并大大改善呼叫中心在企业中的印象。一旦这个模型建立起来并经过实践测试，就可以被用来迅速、准确地预测评估相关因素变化所带来的影响，如我们还需要多少人、预算要增加多少。运营计划模型是建立呼叫中心运营规划系统的第一步，也是高效运营和管理呼叫中心的最基础和最必要的一步。

- **做呼叫中心运营规划时综合考虑员工工时分配因素**

大多数呼叫中心都有自动追踪记录员工的各种行为及时间分配的功能，这些数据为我们了解员工的时间分配和利用率提供了宝贵的信息。但是，如果要使运营规划真实、有效地反映当前运营状况并指导未来运营，那么呼叫中心系统应该记录员工的所有活动信息。当面对所有的数据信息时，呼叫中心管理层经常会惊讶地发现，即使是在那些管理有序、运营高效的呼叫中心里，员工也会花费相当大比例的正常排班时间在其他非直接服务客户的事情上。

- **找到有效的方法来衡量"一次解决率"**

呼叫中心都非常重视服务水平目标的设定和达成，任何时间如果一个客户进入队列，呼叫中心就是在浪费客户的宝贵时间。同样的道理，企业也不想让客户因为问题一次次得不到解决而三番五次地打电话，这同样是在浪费客户的宝贵时间。"一次解决率"指标应该是仅次于服务水平指标的呼叫中心核心绩效指标之一。

● 清楚了解各应用技术系统和工具的功能状况，充分发挥其功能

与呼叫中心相关的交换机系统、人力资源管理系统、客户管理系统以及各种桌面和后台工具等相关的应用技术总是在不断地更新和改进，一些预算充足的呼叫中心有能力紧跟趋势，通过不断地升级和更新来提高呼叫中心的生产效率。但是，不是每一家呼叫中心都能够负担得起如此频繁的更新换代。呼叫中心在决定进行系统升级甚至更换全新系统之前，应该确保相关管理决策人员对现有系统和工具的应用能力有详细的了解和评估，如果通过挖掘系统潜力和改善工作流程，目前的系统和工具仍然能够很好地满足工作需求，那么就让它发挥余热吧！

● 为每个员工、小组、部门设定清晰、明确的核心 KPI[①] 指标

很多呼叫中心都有一个不成文的惯例，即必须衡量和汇报发生的所有事情，最后的结果是整个部门看上去好像每天除了跟踪、测量、分析、汇报之外，什么都不干。收集充足的数据信息对呼叫中心来讲并不是什么坏事，但是不应该"西瓜芝麻一把抓"，应该把关注点放在直接影响客户满意度、运营效率、成本支出及高素质员工队伍建设等方面的核心 KPI 指标上，并把这些指标分解落实到个人、小组及部门层面上。需要注意的是，有些指标的达成并不是呼叫中心一个部门能够独立完成的，这时就要同企业领导和其他部门一起讨论落实各自应该承担的职责和相关 KPI 指标。

---

① KPI：Key Performance Indicator 即关键绩效指标。是通过对组织内部流程的输入端、输出端的关键参数进行设置、取样、计算、分析来衡量流程绩效的一种目标式量化管理指标，是企业绩效管理的基础。

- **确保呼叫中心的各层次管理人员充分理解和掌握呼叫中心运营特性和规律**

如果呼叫中心的各层次管理人员不了解呼叫中心的运营特性和基本规律，他们就有可能做出一些对整体运营产生负面影响的决定或举措，使一线员工感到困惑并承受压力。其中一个最基本的要求是，呼叫中心的每一级领导都要能够理解服务水平、员工占用率和队列之间的动态逻辑关系，并能据此采取恰当的措施确保整个中心的平稳运行。

- **让一线员工充分了解呼叫中心特殊的工作环境对他们的要求**

呼叫中心应该通过集体培训或者其他一些正式、非正式方式让一线员工理解：什么是服务水平，如何计算服务水平，服务水平的高低意味着什么，为什么自己要遵守排班规定，一个人随意登录、登出系统会对整个服务水平造成什么样的影响，为什么要严格遵守话机操作以及屏幕操作流程，为什么要对每一次通话进行记录和标识等重要信息。

- **时刻关注服务水平指标的变化，不断更新和调整员工的排班计划以应对突发事件**

高效运营的呼叫中心总是努力做到客户在任何时间来电都能得到快捷、高效的服务。很多时候一天下来，整体服务水平目标达成得不错，甚至还有超出。但是把一天的服务水平按照 48 个半小时时段分开看时，却发现上午的两个小时、饭后的两个小时服务水平指标低得可怜。这就意味着在这两个时段打电话进来的客户要排队等候很长时间，相应的放弃量也会有所上升，给这些客户的印象就是服务得太差。因此，呼叫中心管理的一项要领就是把关键绩效指标分成更小的时段来分析和对比，而不是仅仅关注一天、一周、一月的总体平均情况。详细分解之后，管理人员可能会发现更多的问题并及时采取相应的措施来减少或改善这些情况。

这 14 项基本原则并不足以解决呼叫中心运营管理的一切问题。但是，掌握好这些原则，确实可以更好地管理和运营呼叫中心。

第 6 章
自建高可用呼叫中心的基础结构与智能运维系统

整套呼叫中心系统的稳定性或是可用性需要在日常使用过程中进行验证，但是无论网络或系统建设得多么完美，在互联网高速发展的今天也只能起到预防和缓解的作用，日常的稳定运行才是最重要的，因此便出现了运维岗位。运维人员需要通过各种工具对网络、系统和语音等环境进行日常监控、分析，以达到故障预备以及迅速处理故障的目的。

当下金融科技行业得到了越来越多用户的认可，金融科技行业的呼叫中心客服数量也在疯狂增长，网络环境、系统环境和语音环境的规模也日渐庞大。为保障企业在不断发展中正常运转，就必然需要一个专业高效的运维团队作为支撑。

通常来讲运维管理有三个要素，分别为人、流程、工具，三个要素中每一要素都会对运维管理产生直接影响。

- **人**

无论在哪个企业、哪个岗位，人员的变动或流失是不可避免的，不同岗位人员变动和流失所带来的风险也不尽相同。

运维岗位本身属于技术岗位。但与其他技术岗位不同的是，其他技术类岗位流失所带来的风险侧重于企业核心技术的流失，运维岗位人才流失所带来的风险偏向于经验流失。

企业内部日常运转所需要的网络及电话维护经验对外部人员提供的服务平台以及故障处理经验需要经过长时间的积累，才能做到快速反应、精准把握，及时响应。

金融科技类呼叫中心对基础设施和平台稳定性有着极高的要求，5个9[①]的稳定性是行业中的基础标准，因此运维岗位人员的稳定性是会对公司正常运转产生影响的重要因素之一。

- **流程**

在企业形成一定规模后，首先要接触的就是流程。通常情况下，流程是通过前人反复验证后精简出来的一套准确、快速、有效的工作方法。

运维岗位的特殊性决定了运维的流程对于运维人员或是企业都很重要。对于新入职的运维人员来说，流程是适应新企业的最佳途径；对于老员工来说，流程即是工作积累的经验；而对于企业来说，流程则是持续安全运行的保障。

跟企业管理流程一样，运维也有运维系统的流程，运维流程相对于管理

---

① 5个9：$(1-99.999\%)\times365\times24\times60=5.26$ 分钟，表示该系统在连续运行1年时间里最长的业务中断时间是5.26分钟。

流程而言更加灵活，优化、精简运维流程也是运维中重要的流程之一。

- **工具**

运维人员的职责主要是对企业内的网络、系统、语音等基础设置进行日常维护、预防预判、及时发现并处理潜在或突发故障。

因此，对于运维人员来说，人员素质与工作流程是运维工作中的重要助力，好的运维工具更是重中之重。运维岗位在工作中会涉及许多不同的模块，如监控分析工具、系统网络管理、日常桌面运维管理、灾备技术等。只有针对不同的模块选择合适的运维工具才可能快速、有效、及时地发现问题、预防问题并处理问题。

（1）监控分析工具

主要用于运维技术人员日常对网络、系统语音环境的监控、分析以及故障信息分类和收集。

（2）系统、网络管理

按照运维人员日常工作流程，将简单重复的工作、故障以及故障解决方法以脚本的形式写入系统内，从而解决运维人员日常大量循环耗时的重复性工作。

（3）日常桌面运维管理

将员工工作电脑经常出现的简单故障通过脚本形式写入系统内并输出为快捷图标，从而快速解决大量的简单桌面问题。

（4）灾备技术

互联网中存在各种风险，保证业务的连续运营以及数据处理的高可靠性和高可用性就成为建设呼叫中心必须考虑的问题。企业面临的运维风险和挑战来自很多方面，如硬件设备损坏、断电、自然灾害等造成的数据丢失或业务的突然中断；系统人员误操作造成的意外宕机或关键数据丢失；升级失败、网络与系统漏洞造成的网络瘫痪、系统崩溃；黑客攻击或病毒入侵等均会影响业务的正常开展，甚至影响企业的可持续性发展，高可用的核心就在于防范灾难、化解灾难，这通常叫做灾备技术，主要包括双机热备、负载均衡、群集技术三种类型：

① 双机热备：指的是将服务器安装配置成互为备份的两台服务器，在同一时间只有一台服务器提供服务，当运行着的服务器出现故障时，服务自动切换到备用服务器。

② 负载均衡：指将工作任务进行平衡，分摊到多个操作单元上运行，协同完成工作任务。

③ 群集技术：由通过输入输出系统互联的若干服务器构成。这些服务器连接到存储介质中，由分布资源管理软件进行管理。

随着互联网行业的崛起，传统运维对于新型企业的日常运转支持已经显得越来越力不从心，运维人员工作负荷越来越大，企业对于运维成本的投入也越来越高。为了减轻运维人员的工作负荷和节省运维成本，很多企业开始逐渐根据企业内部环境开发建设智能运维集成系统及运维集成工具。

现在已有很多厂商推出了自动化系统或工具，但因为行业不同、性质不同、规模不同，没有哪个厂商可以做到通过一套标配的自动化运维系统就可以满足所有用户的需求。针对自身企业性质，根据企业运维人员多年积累的经验，建设专属的智能化运维系统才能有效解决企业内运维团队所面临的问题。很多人把自动化和智能化混为一谈，实际上两者有本质上的区别，自动化的重点在于自动实施，而智能化需要系统有自主分析能力和自动实施的能力。

6.1 传统呼叫中心运维面临的问题

面对快速更新的互联网技术和不断发展的企业,传统的运维技术已经无法满足现代企业的需求。企业开始更多地关注如何提高运维效率和通过建立信息化、智能化运维来配合提高其他岗位的工作效率。

- **错综复杂的信息技术元素导致处理过慢**

从最基础的机房设施环境开始,依次分为:网络设施→服务器硬件→系统环境→群集架构环境→存储服务环境→应用环境等。

无论是从环境设施到硬件设施,还是从硬件管理到软件管理,其中涉及了不同品牌不同型号的产品,技术运维管理所涉及的环境和覆盖面也越来越广。传统运维模式很难在短时间内有效管理如此繁杂的元素,这就导致很多故障无法及时处理。

- **传统运维方式以及管理工具分化明显,无法集中管理**

运维管理的工具有很多种,针对的方向也各不相同,大致可以分为:硬件管理、监控、日志管理、网络管理、语音管理和虚拟化系统管理等。这些零散的工具在运维工作进程中很可能因为软件功能不同导致误判或影响故障的发现时间和处理。

- **运维过程处于被动无流程或流程没有章法**

随着信息技术的发展,企业不断进行技术升级,维护团队也不断扩大,而运维团队中多数企业施行一岗一人,运维团队岗位出现空缺往往会影响整个团队的运维效率,这就导致整个运维团队需要很长时间进行磨合。

传统呼叫中心企业往往客服人数众多,部门纷杂,人员流动性大,各部门与运维团队的对接方式大多是通过人为寻找或内部分机通知,导致很多现场运维问题被拖延或搁置。

- **技术及硬件更新过快,人员流动性大**

从计算机的普及→大数据→VR→智能化,计算机技术每年都有很大跨度,技术岗位的技术含量越来越大,很多技术人员为了技术或待遇提升会选择跳槽、转行,这对于企业来讲不仅仅是人员流失,也意味着技术和经验的流失。

传统运维的提升变革是企业的需要也是市场的趋势。近年来,市面上有很多自动化运维系统出现,但对于大型企业来说,这类工具所附带的功能和方式还远远不能满足企业的需求,只有将企业常年积累的经验、企业内整体环境、企业内资深的技术人员提供相应的技术解决手段三者结合起来才能组建出符合自身企业需求的智能化系统。

6.2 智能呼叫中心运维系统设计解析

什么样的运维系统才能称为智能运维系统呢?为什么这里以呼叫中心运维系统作为讲解呢?

其实,智能运维系统并没有详细的界限,这里以智能呼叫中心运维系统作为讲解,其主要原因在于呼叫中心的基础建设以及运行环境要比其他行业多出一套语音环境,相对应的网络和服务器结构更加复杂。

智能运维系统不但可以解决传统运维方式所遇到的瓶颈和问题，同时又能有效地与当前企业设施环境相匹配，降低人员流动带来的风险，精简流程，有效地预判或解决故障。

以目前的技术手段来说，智能运维系统还无法完全代替人工，但可以做到通过多方面数据对比为使用者提供直观的数据结果；通过完善的流程为团队的对接、问题的处理提供最简易快捷的平台；通过多种技术管理、监控工具，提升运维中故障的预判能力，发现故障并及时处理。

设计智能运维系统之前，首先要充分了解运维岗位的工作性质和工作内容，其次要了解运维发挥最优的水平都需要的技术手段或工具，最后要了解运维的流程环节。

运维岗位的性质和工作内容

运维实际上就是运行维护。确切地说，运维岗位是服务岗位的一种。运维岗位有明确的分工，如网络运维、系统运维、桌面运维等，根据平台的不同，运维又可分为线上和线下，线上通常指手机应用平台、游戏平台、网站平台等为客户提供功能的平台，线下通常指企业内部办公使用的网络或支持服务平台等。

无论是线上还是线下，又或者是网络、系统等，企业对于运维岗位的要求大多都是不可间断的。因此，运维人员需要具备良好的服务素质、敏锐的反应能力，了解软件和硬件的相关知识，熟悉平台的环境部署，同时也需要具有精湛的专业技能。

日常工作中，运维人员需要通过专业工具对平台运行中的每一个环节进行严密跟踪和分析，优化完善平台部署架构等。当出现故障时，运维人员须通过敏锐的反应与娴熟的技术尽可能在第一时间解除故障危机。

运维团队流程智能化管理

● 制作日常运维流程模型

传统运维中,很多运维团队处于"救火式运维"状态,运维技术人员被故障拖着走。虽然技术人员会对平台环境内的重要节点进行监控,但因工作经验的不同,很多经验不足的技术人员即使发现问题也无法及时解决问题或者预计出故障的发生却没有采取相应的防范措施。

通常企业会花高价聘请经验丰富的技术人员,其最主要的原因在于,经验丰富的技术人员有自己的一套运维管理流程,当故障已经发生或预计即将发生时,他们会按照这套运维流程有序进行,将故障危害消除在未发生之前;或者在故障已经发生但用户还没有做出反应的情况下解除危机。

其实,在建设智能化运维系统过程中,经验丰富的技术人员一般会通过下面几个流程将故障危害扼杀在摇篮中:

(1)监控

监控是运维中最基本的工具,通过专业工具对整体平台环境、硬件设备、网络、系统、应用等每一个节点进行监控。

(2)分析

分析是一种预判和处理故障的手段,通过对平台环境、硬件、网络、系统以及应用的内部日志返回信息、监控状态信息等进行综合评定分析来预判和处理潜在的危险。

(3)管理

管理的作用在于预防。对硬件的优化、内核的升级、系统垃圾的清除、账号的管理等都属于预防潜在的危险，管理的好坏与运维技术人员的技术水平有直接关系。

(4) 归档

人的记忆是有限的，很多故障问题可能很久出现一次，而当我们忘记时也就意味着需要重新对这类故障进行排查，做好故障记录并进行归档就是快速处理问题的保障。另外，文档的记录也会为企业人员流动时的平稳过渡起到良好的作用。

监控→分析→管理→归档，我们可以把它看作是一个简单的日常运维流程模型。企业可以根据自身实际情况梳理制作企业专属的日常运维模型。

● 业务与运维流程紧密关联

运维团队不仅要管理好平台的基础设施，而且也要给很多业务部门提供相应的桌面支持。以外包式呼叫中心为例，业务部门通常为外部提供服务面向客户，而运维团队就需要保障业务团队的电脑、网络、话机的通畅。

一般大型呼叫中心单个职场客服数量通常会达到千人级以上，人数众多、人员流动性大，日常出现的桌面问题数不胜数。传统运维模式中，客服出现故障时通常会通过项目组长或主管对接运维部门，再由运维部门负责人寻找相应技术人员进行处理，这种方式耗时耗力。因此，在智能化运维建设中，需要考虑的是如何简化业务部门与运维部门间的对接流程，以达到迅速处理现场故障的效果。

实际上很多日常桌面故障会重复出现，运维技术人员只需要五分钟就可以处理，但因流程、人员流动等因素可能会导致处理时间翻倍或出现更长延误。

桌面运维可以分成两个部分进行智能优化：

① 将重复出现的故障做成故障处理脚本，嵌入系统或工具内。当出现故障时，业务人员可根据提示运行脚本处理。

② 将桌面运维的模式改为接单式，当出现脚本无法处理的故障时，业务人员可在工具中提交故障报修单，由运维部门接单处理，这样不仅可以考量运维部门的运维效率，也可以快速地处理相关问题。

- **故障处理流程明确**

故障处理流程是运维流程中一个非常重要的环节。无论是线上业务，还是线下业务，通常都会要求"4个9"或"5个9"的可靠性，折算下来一年内因故障中断的时间不过几十分钟，甚至几分钟。

为了保证这种高稳定性，在平台或环境搭建初期都会对同构群集、热备等技术做一些有安全保障的架构设计。但是这种架构设计更多是为了缓解或延迟故障的爆发时间，及时解决故障、排查故障原因进行修复、预防才是解决问题的根本。因此，故障的处理流程在设计时要尽量精简、详细，如故障报警→迅速响应→处理故障节点→分析故障原因→修补优化→故障问题处理报告。

一般在智能化系统设计中会为故障处理分配足够的资源，如智能判断故障节点，自动筛选数据库内的故障记录以提供给运维人员。智能运维系统数据库内的数据需要经过常年的累积，一套良好的故障处理记录不仅可以有效地解决故障，而且对后期出现故障的概率和解决故障的速度也都是大有帮助的。

设计流程的目的是为了使工作更加顺利，使新人更容易适应当前环境，也是为了能更快捷高效地处理工作中所遇到的困难。随着企业的发展壮大，技术人员的数量越来越多，技术人员的个人职业水准也会逐步提高，智能运维系统内的流程不应该是一成不变的，流程的管理与运维管理同样重要，健全、灵活的流程才称得上智能运维流程。

建设智能运维系统及工具模块介绍

在传统运维岗位中，运维工具繁多，运维人员需要通过多种工具进行日常维护工作，如果工具选择错误可能会导致运维人员判断方向错误或故障处理失败。智能运维系统中的运维工具可以将各个工具的功能融合到一起，再通过模块化形式展现，一是为了方便运维人员使用，二是各种工具协同工作也可以更有效地处理日常工作中所遇到的问题。

- **基础建设介绍**

在建设智能运维系统时，首先就是基础建设。智能运维系统中很多功能是否可以实现，很大程度上取决于企业的基础建设是否可以支持，如基础架构属于分布式或群集结构，那么智能运维系统中便可以添加自动切换故障节点以及自动更换数据源等功能。

基础建设架构，简单来说就是企业内网络、系统以及语音的结构，建设初期的规划拓扑图实际上就是架构的整体规划图。其中，网络以及服务器的架构技术已经非常成熟，在这里不做过多介绍。语音结构按照主流技术分类大致可分为两大类：数字电话结构和软电话结构。

(1) 数字电话结构

数字电话结构更依附于网络，通过异地链路、单机热备等机型链路结构部署。

(2) 软电话结构

软电话结构更依附于服务器，更像是一种运行在服务器中的软件。软电话结构可按照服务器结构分为分布式、群集、双机热备等类型。

- **运维系统智能数据库**

简单来说，智能数据库至少应具备"学习"和"预判"的能力。"学习"指的是智能数据库应具备信息采集的能力，就像人在学习中不断地积累经验。"预判"指的是根据数据库内收集的大量数据进行综合对比分析，再将分析结果反馈给相关运维技术人员或自主作出一定的预防动作，以达到预判和预防的效果。运维系统智能数据库可以说是体现整套系统智能的核心，它应该具备的功能大致可以按照三个方向进行设计。

(1) 数据收集

在智能运维系统中，可以进行数据收集的接口有很多。例如：

① 监控报警模块：可收集系统日常运行的状态、运行中断次数、易发故障节点、恢复使用时长等。

② 故障处理信息收集模块：主要收集的是日常故障处理后运维技术人员所编写的故障记录报告。

(2) 智能分析

即将收集来的数据进行综合对比，分析的方向也有很多种，如对周期内所有节点故障进行节点故障率分析，对运行状态前后数据进行稳定性分析等。

(3) 分配调度

指的是智能运维系统应具备对事件分类的功能，如警告、故障、应急、可智能解决、需人工处理等。

- **监控模块**

监控工具是为技术人员提供基础运维的一种手段，在智能运维系统中也是为智能数据库提供数据的一个重要数据收集接口。

监控是日常运维的一部分，也是运维人员的专业技能之一。但在智能化运维系统中，监控模块更多的是充当数据库信息收集接口的角色，因此在智能化运维系统中可以将监控模块单独摘出，单独使用。常见的监控有网络流量监控、网络硬件监控、服务器硬件监控、服务器系统监控、日志监控等。

智能运维系统是将多种监控工具集成到一起，在功能分类模块中展示出来，运维技术人员可以更直观、更有效地查看运行状况，更快速地发现问题、处理问题。

运维监控工具首先要注重的是直观性，图形化加报表的形式直观地为使用者提供可视化工具及邮件、短信报警的同时，还为数据库提供运行数据。

- **智能故障处理模块**

智能运维系统内的工具主要是保障各模块间的相互协调工作，智能故障处理模块也不例外。如果说建设是基础，智能监控是入口，智能数据库是调度，那么智能故障处理就是从规划到执行，主要包括以下几个方面：

(1) 故障预判及故障点锁定

通过智能监控系统对每一个节点的实时监控及综合判断，运维人员可以在第一时间掌握故障信息。通过软硬件日志和节点运行状态提供的警告信息以及故障信息，根据连通性准确预判或定位出故障区域或报警区域，运维人员可迅速锁定故障节点。

(2) 应急故障处理

当故障发生时，灾备系统会自动切换，监控界面故障节点高亮显示，报警系统通过邮件和短信形式通知运维技术人员，故障排除后报警解除。

(3) 故障记录归档

传统运维系统中，故障记录归档没有明确要求。但无论对于企业或者是技术人员来说，故障记录都将作为宝贵的历史经验积累下来。

一般情况下，企业的网络、系统、硬件以及语音环境框架是很少进行变动的，这也就意味着很多故障是重复出现的。做好故障记录对于技术人员来讲，可以根据之前的记录更精准地处理故障；对于企业来讲，故障记录在岗位人员交替时可以让新员工更快地对公司环境及经常出现的故障有所了解；而对于智能运维系统来讲，故障记录也是智能数据库整体分析的一部分，故障记录归档模块是智能运维系统中必不可少的一环。

● 日常运维管理模块

在一套完善的企业网络系统平台中，出现故障的频率直接取决于日常运维管理的完善程度。运维人员在日常运维管理中做得越细致，对整体环境的安全及稳定性就提升得越高。智能运维管理系统也不单单只提供一个日常运维管理流程工具，它本身也可以对日常运维管理提供相应的帮助。下面从基础设施、网络语音调优、系统及应用调优和网络及系统安全防护分类四个方面来进行讲解，提供一个智能化运维的解决思路。

(1) 基础设施及硬件巡检管理

基础设施以及硬件是所有企业中网络、系统、应用和平台的根本，这些都需要运行在相应的硬件设施上。

建设智能运维系统初期应将基础设施以及硬件的基本信息录入数据库中，如出厂日期、启用日期等。当硬件设备加入整个环境中时，智能运维系统可以自动检测硬件的相关配置信息，如CPU、硬盘大小、内存大小等。

传统运维中对硬件设施的检查往往会忽略很多细节，如服务器硬盘，很多服务器硬盘都有转数寿命，但一般很少有人会去查询这类信息，一旦转数接近使用寿命就可能会影响业务性能，严重者也可能会导致业务中断，很多时候硬盘出现故障时，数据的丢失以及对业务的影响已无法挽回。

在设计智能化基础设施及硬件管理时,我们可以将硬件检测工具嵌入智能运维系统内,在运维技术人员非工作时间,系统可以自动进行扫描检测,然后将结果直接反馈给运维技术人员。

智能运维系统根据数据库中收集的数据对硬件上运行的系统、平台及应用进行实时分析,当硬件配置无法满足业务需要的资源时,系统会为运维技术人员提供相应的数据对比报表,运维人员通过报表就可直观地判断硬件中需要升级的配件或设备。

(2)网络及语音智能调优管理

智能运维系统通过监控网络以及语音的流量、数据的发送和接收对网络状态进行判断,一旦出现流量异常或数据异常,系统会立即刻启动预警,将信息发送给运维人员,以提醒运维人员尽快预防或处理。

对于内部用网,企业可以通过智能运维系统内嵌入的网络管理工具进行网络地址链接使用限制。对于对外提供的服务用网,企业可以根据带宽的使用量以及平台访问量进行数据对比,得出详细的带宽分析,确定服务平台网络是否需要进行带宽扩充。

(3)系统及应用智能调优管理

① 系统及应用架构管理。为了防止因故障或维护等因素导致业务中断,很多企业在初期部署规划时会对系统和应用运行的环境进行高可用、高负载或分布式等架构部署。这些架构部署通常可能会按照地域或设备放置位置划分为不同节点,为同一项应用或服务提供运行空间。

在这些架构中,我们要关注每一个节点的运转情况,如果其中一个架构节点出现问题,也就意味着服务少了一份安全保障;如果安全节点只剩下最后一个时也就意味着业务即将中断。

在智能运维系统中,我们可以通过集中监控、配置远程列表等,将架构内的每个环节集中到一起进行统一操作。

智能数据中心会根据每个节点提供的数据对整个架构的安全系数、运行速度以及传输速度进行评估，当系统低于安全值时，数据中心便会启动架构内的应急处理机制进行切换或危险预警，同时将存在性能缺陷的节点信息提交给相关运维人员，提醒指导运维人员进行优化。

② 系统及应用运行管理。因为很多应用是对外部提供服务的，因此应用的优化以及应用所运行系统的优化对提升服务体验效果有直接影响，主要包括以下几个方面：系统内核优化、系统启动项优化、系统磁盘优化、系统进程优化、内存优化、交换分区优化、应用平台程序优化、应用访问优化、应用数据库优化等。

传统运维人员大多数根据自身经验和运行应用进行相关优化，并不全面。对于智能系统来讲，我们需要做的是：首先把每一个可优化的细节录入智能数据库内，然后通过智能系统内的扫描工具对每一个细节进行定期扫描，最后通过数据库对比某一个系统程序或应用程序在运行时占用资源的情况，当占用的资源远远高于该程序正常运行的资源时，则需要对该程序进行优化处理。

智能优化系统同样需要长期的积累，智能数据库通过不断对积累的细节优化点进行数据分析为我们提供个性化优化提醒。

（4）安全防御管理模块

在互联网技术中，将安全技术和节点详细划分，主要包括：人为安全因素、硬件安全因素、环境安全因素、网络安全因素、架构安全因素、系统安全因素等。

智能运维系统对于安全防护的积累需要靠运维人员常年不断地录入，再由智能运维系统加以整理、保存、分析，最后形成固化的安全防御流程。

安全防御管理模块的规划设计同样离不开监控、分析、问题处理和记录。不同的是，安全防御管理模块要有独立的运行机制。原因在于互联网中很多危害具有种类繁多、传播途径强、破坏性大的特点，如互联网病毒等。对于这类危害，可以考虑借助于优质的杀毒工具或防范工具，杀毒工具查杀出病毒特征，将病毒特征录入智能运维数据库内，智能运维数据库启动应急机制，对出现相同特征的电脑、服务器或部分网络进行隔离处理，再启动工具查杀。当这种机制形成后，智能运维系统便可以通过不断积累，避免遭受二次伤害或者被二次攻击。

综上所述，智能运维系统的建设还在不断发展，这是一种趋势，虽然智能无法完全代替人工，但却是一种好的助力。智能运维系统的数据是运维技术人员长期经验的积累，在日常工作中再由智能运维系统承担大量的重复工作，两者之间的关系是相辅相成的。因此，智能运维系统的好与坏，一半要看系统的整体设计，另一半则取决于使用它的运维人员。

参考文献

[1] 中华人民共和国中央人民政府. 关于促进互联网金融健康发展的指导意见[EB/OL]. (2015-7-18)[2019-8-21]. http://www.gov.cn/xinwen/2015-07/18/content_2899360.htm.

[2] 国务院办公厅. 互联网金融风险专项整治工作实施方案[EB/OL]. (2016-10-14)[2019-8-6]. http://www.gov.cn/zhengce/content/2016-10/13/content_5118471.htm.

[3] 皮天雷,赵铁. 互联网金融:范畴、革新与展望[J]. 财经科学,2014(16):1.

[4] 郑联盛. 中国互联网金融:模式、影响、本质与风险[J]. 国际经济评论,2014,(11):8-12. http://www.iwep.org.cn/cbw/cbw_wzxd/201411/t20141116_1903785.shtml.

[5] 中国资金管理网. 互联网金融已被金融监管部门认可,利率市场化正在加强[EB/OL]. (2014-3-6)[2019-9-3]. http://www.treasurer.org.cn.

[6] 光明经济. 从野蛮人到文艺青年 互联网金融迈入小时代[EB/OL]. (2013-09-16)[2019-7-18]. http://economy.gmw.cn.

[7] 和讯新闻. 互联网金融六大发展模式 第三方支付最热,2013-09-17, http://news.hexun.com/2013-09-17/158098072.html.

[8] 搜狐网.互联网金融改变但非颠覆传统金融.(2015-9-11)[2019-9-3].http://www.sohu.com/a/31534804_115402.

[9] 百贷网.大数据能否保障互联网金融的高收益?[EB/OL].(2015-10-30)[2019-10-28].http://www.baidaiw.com.

[10] 使用Apache Pig处理数据,IBM,2012 3-29,https://www.ibm.com/developerworks/cn/linux/l-apachepigdataquery.

[11] Pig的安装及简单实例,CSDN,2018-01-06,https://blog.csdn.net/suresand/article/details/78992390.

[12] 卢明明.我的第一本互联网金融理财全书[M].北京:人民邮电出版社,2015.

[13] 赵永新,陈晓华.互联网金融概论[M].北京:人民邮电出版社,2016.

[14] 张扬.站上金融之巅 互联网金融的本质与创新[M].北京:人民邮电出版社,2015.

[15] 曹国岭,陈晓华.互联网金融风险控制[M].北京:人民邮电出版社,2016.

英语解释表

英文	中文名称	解释
Abandon Rate	电话放弃率	系统已经接通,但在客服应答之前就挂机或下线的电话呼叫占全部接通电话呼叫的比率
Abandoned Call	放弃的呼叫	系统已经接通,但是在客服应答之前被来电者终止的电话呼叫
ACD:Automatic Call Distributor	自动呼叫分配	自动呼叫分配系统指呼叫中心采用的电话呼叫设备按照先后顺序将用户来电均匀地分配给客服
ACW:After Call Work/After Call Wrap-up	事后处理工作	指由客服在结束与客户通话后完成的一项任务或工作
ADA:Average Delay to Abandon	平均放弃延迟时长	来电者在挂断电话之前,在队列中等待时长的平均值,可以在ACD中获取这一数据
ADH:Average Delay to Handle	平均应答延迟时长	指来电被客服接听前,来电者平均等待时长,可以在ACD中获取这一数据
ANI:Automatic Number Identification	自动号码识别	也叫主叫号码,向被呼叫方提供主叫方的电话号码
App:Application	应用程序	一般指手机应用
ASP:Application Service Provider	应用服务提供机构	是一种新型的网络服务形式,是国际上主流软件公司(如美国的微软公司的"软件服务战略")新的战略方向

续 表

英文	中文名称	解释
B2C：Business-to-Customer	商对客	是电子商务的一种模式，也就是通常说的直接面向消费者销售产品和服务的商业零售模式。这种形式的电子商务一般以网络零售为主，主要借助于互联网开展在线销售活动
BPO：Business Process outsourcing	商务流程外包	指将本方商务流程中的部分或全部的非核心流程交由另方操作。通过将客户的部分或全部管理及运营流程转移到服务商，将公司有限的资源从非核心业务中解放出来，集中到核心业务上，从而提高客户流程自动化的能力
CRM：Customer Relationship Management	客户关系管理	企业通过客户关系管理系统来管理与客户之间的关系。系统是选择和管理有价值客户及其关系的一种商业策略，系统要求以客户为中心的商业哲学和企业文化来支持有效的市场营销、销售与服务流程
CTI：Computer Telecommunication Integration	计算机与电话集成	能够自动地对电话中的信令信息进行识别处理，通过建立有关的话路连接向用户传送预定的录音文件、转接来话等
C语言		C语言是一门通用计算机编程语言，应用广泛。C语言的设计目标是提供一种能以简易的方式编译、处理低级存储器、产生少量的机器码以及不需要任何运行环境支持便能运行的编程语言
C++语言		是C语言的继承，它既可以进行C语言的过程化程序设计，又可以进行以抽象数据类型为特点的基于对象的程序设计，还可以进行以继承和多态为特点的面向对象的程序设计。C++擅长面向对象程序设计的同时，还可以进行基于过程的程序设计
DAS：Direct-Attached Storage	开放系统的直连式存储	依赖服务器主机操作系统进行数据的读写和存储管理工作
DNIS：Dialed Number Identification Service	拨号识别业务	也叫被叫号码，为电信电话线路提供的向被呼叫方送出已拨号码的功能

续 表

英文	中文名称	解释
DTMF	双音多频	电话机上的数字按键所发出的频率
FC SAN	光纤存储	
H.323标准		H323标准提供了基于IP网络(包括Internet)的传送声音、视频和数据的基本标准,它是一个框架协议
IP SAN		指的是SAN存储模式的一种,代表使用超五类或超六类网线布置的SAN存储模式
iSCSI:Internet Small Computer System Interface	互联网小型计算机系统接口技术	由IBM公司研究开发,供硬件设备使用的可以在IP协议的上层运行的SCSI指令集,这种指令集合可以实现在IP网络上运行SCSI协议,使其能够在诸如高速千兆以太网上进行路由选择。iSCSI技术是一种新储存技术,该技术是将现有SCSI接口与以太网络技术结合,使服务器可与使用IP网络的储存装置互相交换资料
Technology Finance	科技金融	就是互联网技术和金融功能的有机结合,依托大数据和云计算在开放的互联网平台上形成的功能化金融业态及其服务体系
IVR:Interactive Voice Response	交互语音应答系统	交互式语音应答,也可以叫作语音导航系统。用于引导用户完成人机或人工接入等行为
I/O(input/output)	输入/输出端口	用来处理中央处理器与外部设备、存储器的连接和数据交换等的交换接口
Java		Java是一门面向对象的编程语言,不仅吸收了C++语言的各种优点,还摒弃了C++里难以理解的多继承、指针等概念,因此Java语言具有功能强大和简单易用两个特征。Java语言作为静态面向对象编程语言的代表,极好地实现了面向对象理论,允许程序员以优雅的思维方式进行复杂的编程
KPI:Key Performance Indicator	关键绩效指标	是通过对组织内部流程的输入端、输出端的关键参数进行设置、取样、计算、分析,并衡量流程绩效的一种目标式量化管理指标,是把企业的战略目标分解为可操作的工作目标的工具,是企业绩效管理的基础

续表

英文	中文名称	解释
LAN；Local Area Network	局域网	将分布在同一区域内的计算机系统或可联网的电子设备互连起来的交换网络
Linux		是一套免费使用和自由传播的操作系统，是多用户、多任务、支持多线程和多 CPU 的操作系统，是一个性能稳定的多用户网络操作系统。同时，具有可靠、安全、稳定、多平台等特性
NAS；Network Attached Storage	网络附属存储	连接在网络上，具备资料存储功能的装置，因此也称为"网络存储器"
Net 语言		Net 语言的全称应该是 ASP.NET，是微软新推出的一种编程框架理论或者说是一种编程标准，它可以通过微软出品的 Visual Studio 开发工具进行项目开发
O2O；Online To Offline	在线离线/线上到线下	是指将线下的商务机会与互联网结合，让互联网成为线下交易的平台，这个概念最早来源于美国。O2O 的概念非常广泛，既可涉及线上，又可涉及线下，可以通称为 O2O
OA；Office Automation	办公自动化	是将计算机通信等现代化技术运用到传统办公方式中，代替部分手动或重复性劳动的一种技术手段
P2P；peer-to-peer	点对点	又称点对点网络借贷。P2P 直接将人们联系起来，让人们通过互联网直接交互。使得网络上的沟通变得容易、更直接共享和交互，真正地消除中间商，为企业与个人提供极大的方便
PaaS；Platform as a Service	平台即服务	把服务器平台作为一种服务提供给用户的商业模式
PBX；Private Branch Exchange	专用交换机	用户级交换机，即公司内部使用的电话业务网络，系统内部分机用户分享一定数量的外线
POS；Point Of Sale	销售终端	是一种多功能终端，把它安装在信用卡的特约商户和受理网点中与计算机联成网络，就能实现电子资金自动转账，它具有支持消费、预授权、余额查询和转账等功能，使用起来安全、快捷、可靠

续 表

英文	中文名称	解释
RAID:Redundant Arrays of Independent Disks	磁盘阵列	磁盘阵列是由很多价格较便宜的磁盘,组合成一个容量巨大的磁盘组,利用个别磁盘提供数据所产生加成效果提升整个磁盘系统效能。利用这项技术,将数据切割成许多区段,分别存放在各个硬盘上
R语言:The R Programming Language		R语言是用于统计分析、绘图的语言和操作环境。R是属于自由、免费、源代码开放的软件,它是一个用于统计计算和统计制图的优秀工具
SaaS:Software as a Service	软件即服务	可以简单理解为移动互联网上的软件服务,其相比传统本地化软件有着快速灵活的特性。采用此种方式,公司前期的资金投入和时间投入都相对较低
SAN:Storage Area Network	存储区域网络	采用网状通道技术,通过交换机连接存储阵列和服务器主机,建立专用于数据存储的区域网络
SAS:Statistics Analysis System	统计分析查询系统	是一个功能强大的数据库整合平台,可进行数据库集成、序列查询、序列处理等工作
SCSI:Small Computer System Interface	小型计算机系统接口	一种用于计算机和智能设备之间(硬盘、软驱、光驱、打印机、扫描仪等)系统级接口的独立处理器标准。SCSI是一种智能的通用接口标准
SFA:Sales Force Automation	销售能力自动化	是CRM客户关系管理系统的一个业务组件。SFA是在销售过程中,针对每一个客户、每一个销售机会、基于每一个人员行动的科学、量化的管理;可以有效支持销售主管、销售人员对客户的管理、对销售机会的跟踪;能够有效销售规范、实现团队协同工作。SFA在欧美地区已有10多年的应用历史,是企业销售管理的基本工具
SIP协议:Session Initiation Protocol	会话初始协议	是由IETF(Internet Engineering Task Force,因特网工程任务组)制定的多媒体通信协议。目前广泛应用于呼叫中心电话语音通信中
SQL:Structured Query Language	结构化查询语言	是一种特殊目的的编程语言,是一种数据库查询和程序设计语言,用于存取数据以及查询、更新和管理关系数据库系统;同时也是数据库脚本文件的扩展名

续 表

英文	中文名称	解释
SVM：Support Vector Machine		是一个有监督的学习模型，通常用来进行模式识别、分类以及回归分析
TCP/IP：Transmission Control Protocol/Internet Protocol	传输控制协议/因特网互联协议	又名网络通信协议，是 Internet 最基本的协议，是国际互联网络的基础，由网络层的 IP 协议和传输层的 TCP 协议组成。TCP/IP 定义了电子设备如何连入因特网，以及数据如何在它们之间传输的标准
VoIP：Voice over Internet Protocol	网络电话	是一种以互联网端口电话为主并推出相应的增值业务的技术。VoIP 最大的优势是能广泛地采用互联网和全球互联网端口互连的环境，提供比传统业务更多、更好的服务。VOIP 可以在互联网端口网络上便宜的传送语音、传真、视频和数据等业务
WAN：Wide Area Network	广域网	其通信子网可以利用公用分组交换网、卫星通信网和无线分组交换网，它将分布在不同地区的局域网或计算机系统互连起来，达到资源共享的目的
Windows		是美国微软公司研发的一套操作系统。由于较好的界面和易用性得以广泛地应用，涉及家用电脑、商用电脑、服务器等
XML：Extensible Markup Language	可扩展标记语言	标准通用标记语言的子集，是一种用于标记电子文件使其具有结构性的标记语言；是当今互联网环境中跨平台的，依赖于内容的技术，也是当今处理分布式结构信息的有效工具

后　　记

本书作为金融科技客服系列三部曲的第一部,为后两部书《客服中心运营管理》《客服中心运维管理》起到了抛砖引玉的作用。智能客服从表面上看可以算是服务工具,其更深层次的作用和意义在于以用户为中心、以智能客服为服务工具,辅助客服人员、呼叫中心管理人员、公司管理层完成不同层次所需要的服务工具、管理工具和流程、决策流程及报告等统一的服务平台。智能服务是结合智能客服、运营管理、运维决策的三位一体的整体服务。

大数据、云平台是智能客服的根基,数据作为智能化的根基是重中之重。完善的服务体系源于不间断地实时服务,云计算基础服务为智能客服的发展壮大提供帮助。无论是私有云、公有云,还是公私混合云,结合大数据才能发挥最大的作用。一套公有云服务的智能客服平台通常很难真正的契合企业的服务体系,企业服务的精髓难以注入甚至根本无法注入一套标准版或高级版的公有云服务平台中。所以,一套针对企业定制的服务体系是不可缺少的。

企业花费大量的人力、财力做大数据,期望利用新技术提升企业的竞争力。但是,如果企业对大数据应用的目标不明确或未匹配企业核心理念或数据来源单一,那么往往不能给企业带来预期效果。大数据的应用首先应确定目的和方向,即解决的是用户体验提升的问题,进一步才是对企业产品升级、企业决策、营销策略等进行一系列的支持。

　　智能化应用任重道远,其在劳动力比较集中的呼叫中心服务行业的应用是一个重要的方向和目标。金融科技行业大量的后服务工作被自动服务替代,在降低成本的同时也节省了大量的时间,提高了工作效率。

　　未来可期,期待智能客服在金融科技行业大放异彩!